人类命运共同体
百年大变局与中国大智慧

本书编委会 ◎ 编

当代世界出版社
THE CONTEMPORARY WORLD PRESS

图书在版编目（CIP）数据

人类命运共同体：百年大变局与中国大智慧 / 本书编委会编. -- 北京：当代世界出版社，2022.11
ISBN 978-7-5090-1682-4

Ⅰ. ①人… Ⅱ. ①本… Ⅲ. ①国际关系-文集 Ⅳ. ①D81-53

中国版本图书馆 CIP 数据核字（2022）第 164615 号

书　　名：	人类命运共同体：百年大变局与中国大智慧
出 品 人：	丁　云
策划编辑：	刘娟娟
责任编辑：	刘娟娟　徐嘉璐
装帧设计：	王昕晔
版式设计：	韩　雪
出版发行：	当代世界出版社
地　　址：	北京市地安门东大街 70-9 号
邮　　编：	100009
邮　　箱：	ddsjchubanshe@163.com
编务电话：	(010) 83907528
发行电话：	(010) 83908410（传真）
	13601274970
	18611107149
	13521909533
经　　销：	新华书店
印　　刷：	北京新华印刷有限公司
开　　本：	710 毫米×1000 毫米　1/16
印　　张：	14
字　　数：	168 千字
版　　次：	2022 年 11 月第 1 版
印　　次：	2022 年 11 月第 1 次
书　　号：	ISBN 978-7-5090-1682-4
定　　价：	69.00 元

如发现印装质量问题，请与承印厂联系调换。
版权所有，翻印必究；未经许可，不得转载！

出版说明

当今世界面临百年未有之大变局，中华民族伟大复兴进入不可逆转的历史进程，中国与世界关系发生深刻变化。人类命运共同体理念回答了"建设一个什么样的世界、如何建设这个世界"等关乎人类前途命运的重大课题，体现了中国共产党不断为人民谋幸福，为民族谋复兴，为世界谋大同的追求。

为反映这一情况，本书通过"背景与渊源""内涵与解读""意义与价值""路径与践行""传承与发展"五个部分，基于人类命运共同体产生的时代背景从多角度解读其内涵、分析其意义与价值，讲述中国构建人类命运共同体的路径与实践，并探讨其传承与发展，旨在推动更多读者关注、了解这一具有重要历史意义的中国方案，为推动全球治理朝着更加公正合理方向发展发出中国声音，贡献中国智慧。

本书作者来自国内高校和研究机构，其论述体现了中国将自身发展同世界共同发展相结合的全球视野和宽广胸怀，表明了中国应对人类共同挑战、创造全人类美好生活的大国担当。

（注：因编委会无法与部分篇目作者取得联络，故请相关作者阅及本书后及时与出版社联系，以便沟通相关权益。）

本书编委会
2022 年 11 月

第一篇 人类命运共同体——背景与渊源

人类命运共同体理念与国际软实力格局的重构　李怀亮／3
把握和平发展时代主题 构建人类命运共同体　王新生／10
构建人类命运共同体理念的时代背景　陈积敏／14
从大历史观看人类命运共同体　于 沛／20
全球性问题呼唤构建人类命运共同体　王义桅／33
中国传统"和合"理念与构建人类命运共同体　严文波／37
在世界动荡变革期推动构建人类命运共同体　颜晓峰／43

第二篇 人类命运共同体——内涵与解读

不断增强人类命运共同意识
　　——理清多层治理机制关系　叶险明／53
人类命运共同体的伦理向度　贺 来／57

构建人类命运共同体三题　汪信砚／61
理想、理念、理论：人类命运共同体的演进逻辑　高金萍／68
构建合作开放互利共赢的人类命运共同体　张宇燕　徐秀军／79
坚持胸怀天下 不断推动构建人类命运共同体　孙　艳／85

第三篇　人类命运共同体——意义与价值

人类命运共同体理念引领人类文明进步方向　王存刚／95
人类命运共同体，化解无形的文明隔阂　乔兆红／101
构建人类命运共同体理念引领时代潮流　李　文／109
人类命运共同体理念具有国际道义优势　谌园庭／115
人类命运共同体为全球治理提供中国方案　黄　平／119
在抗击疫情的国际合作中坚定不移推进
人类命运共同体建设　苏长和／126

第四篇　人类命运共同体——路径与践行

推动构建人类命运共同体理念下的新型政党关系　郑长忠／135
积极宣传人类命运共同体理念　提升中国国际话语权　秦明月／142
构建人类命运共同体要处理好几对关系　陶文昭／150
绿色"一带一路"推动构建人类命运共同体　杨　达／156
人类命运共同体的文明交融　邹广文／162
构建人类命运共同体与中华文化对外交流传播　杨希燕／167
构建人类命运共同体的中国贡献　江时学／173

第五篇　**人类命运共同体——传承与发展**

海洋命运共同体理念内涵及其实现途径　孙　凯／183
人与自然生命共同体理念的哲学意蕴　刘福森／189
把握人与自然生命共同体理念的丰富内涵　曹前发／195
人类的生态位美德与生命共同体繁荣　龙静云／201
构建人类命运共同体的中国理念　叶麒麟／207

第一篇

人类命运共同体——背景与渊源

人类命运共同体理念与国际软实力格局的重构[*]

李怀亮

中国传媒大学文法学部部长、教授

在党的十九大报告中，习近平总书记指出，世界命运握在各国人民手中，人类前途系于各国人民的抉择。中国人民愿同各国人民一道，推动人类命运共同体建设，共同创造人类的美好未来。这一宣示，是在习近平总书记构建人类命运共同体理念引领国际软实力格局重构的背景下提出来的，是以科学理论塑造国际软实力格局的重要体现。

软实力理论是在大国博弈的现实基础上产生的，其倡导者约瑟夫·奈把一个国家软实力的来源界定为三个方面：文化、政治理念和外交政策。从外交政策这个维度出发，我们可以看到，随着世界多极化的到来和世界格局的历史性深刻转变，美国自第二次世界大战结束以来奉行的单边性"民主外交"政策，为世界和美国自身带来一系列严重后果，越来越受到强烈质疑。相反，"一带一路"倡议的实施，特别是共商共建共享的全球治理观和构建人类命运共同体的倡议，得到了国际社会的广泛欢迎。习近平主席2017年1月17日在达沃斯世界经济论坛发表演讲之后，据英国广播公司（BBC）报道，研究全球化问题的专家认为，中国领导人提出人类命运共同体的倡议符合人类

---

[*] 本文是2015年北京市社科基金研究基地重点项目——首都对外文化贸易研究基地"建设首都国际交往中心的文化贸易路径研究"［15JDZHA003］阶段性成果之一。

发展大趋势。中国为世界的和平发展和全人类的进步贡献了智慧和思想。在新的国际环境下，构建人类命运共同体理念将成为在外交层面加强中国软实力建设的重要指导思想，对中国软实力的提升起到极大的促进作用。

一、美国"民主外交"政策的困局

"民主外交"是美国外交政策的核心，也是美国软实力的核心内容。冷战结束以来，美国把在全世界推广"民主"当作自己的使命。历届美国领导人都把这种传统理念落实到其具体的外交政策和外交实践当中，不遗余力地在海外推广"民主"。美国之所以这么做，是与其切身利益相关的，而且这也不是什么秘密。美国公开地宣告民主化代表了美国的战略利益。美国希望在海外推广民主以获取自身在安全防卫和经济方面的利益。一直以来，推广民主在维护美国自身利益方面的功能都非常明显。把推进"民主"这样冠冕堂皇的说法，和自身利益搅在一起，甚至常常是打着"民主"的旗号来获取自身的经济利益，这就必然形成美国"民主外交"的内在困局。

美国的"民主外交"政策为美国的国家利益带来了极大好处，对其软实力提升起到了重要作用。约瑟夫·奈在谈及美国霸权时曾表达过这样的观点：美国当然不仅仅限于使用武力。在过去的世纪中美国一直在与这个或那个国家打仗。世界各地的许多民众——虽然肯定不是全部——都相信美国的战争是出于高尚的动机，本质上代表了正义的、善的力量。特别有趣的是，中国在过去几十年中几乎没有对外战争，但从总体上来说，中国仍然是被人质疑的。显然，美国的"民主外交"政策，为其国家经济上带来了好处，政治上带来了声誉。

但是，我们也要看到，美国"民主外交"的这种内在困局大大削弱了其在国际社会的影响力，制约了其核心软实力的作用。比如，美国经常会打着保护"人权"的名义进行武装颠覆他国政权的活动，然而有时它所推翻的政权恰恰是民选总统；它扶持谁、打压谁，唯一的依据是谁符合美国的利益。有时，"民主"甚至会成为美国政府为其失误进行辩解的一种借口。比如，发动伊拉克战争的情形就是如此。虽然美国情报部门没有发现伊拉克与基地组织有任何联系，但布什总统仍然认为萨达姆·侯赛因是基地组织的幕后黑手。他的幕僚们花了大量时间和精力，四处演讲会谈，说服美国民众，使他们相信伊拉克藏有大规模杀伤性武器，对美国构成严重威胁。美国国会于2002年10月批准对伊拉克动武。布什政府不顾世界广大地区的强烈反对，发动了一场旷日持久、血腥残酷的战争。然而，入侵伊拉克后，并没有发现所谓的大规模杀伤性武器。面对来自世界各地和美国国内的严厉批评，布什政府声明这场动用了大规模军队、耗资10亿美元以上并给伊拉克人民带来深重灾难的战争"是为了在伊拉克并最终在其他阿拉伯世界推广民主"①，企图把人们对大规模杀伤性武器的注意力转移到反对独裁统治上来。

美国的"民主外交"不仅在国际社会受到越来越多的抵制和反对，在美国国内也越来越得不到民众的认可与支持。在过去几十年中，美国国内对于其历届政府所推行的"民主外交"政策，一直都有着激烈争论和严重分歧。美国民众对"民主外交"的支持率越来越低，他们正在丧失对于美国政府推行"民主外交"的信心。美国的"民主外交"已日薄西山。

---

① Colin L. Powell, "The US-Middle East Partnership Initiative: Bailding rlope for the Years Aread", http://www.state.gov/r/pa/prs/ps/2002/15923pf.html.

二、西方话语霸权的消解

一个半世纪以来,西方不仅在军事和经济上处于支配地位,而且在国际话语体系中形成了霸权。人们理解世界和解释世界的方式,长期受到"西方中心"的支配和影响。正如美国乔治敦大学查尔斯·库普坎教授所认为的,从 19 世纪开始,欧洲国家开始输出主权、管理、法律、外交和商业的欧洲思想。在这个意义上讲,欧洲不仅主导了世界其他部分,使其黯然失色,而且在独特的欧洲价值和机制基础上建立起了全球秩序。欧洲人成功地把他们的地区性秩序复制成了全球层面上的基础性规则。

在西方现代性话语霸权之下,西方具有了唯一的"合法性",除了西方之外的地方都被视为"其余部分"(the rest)。在西方的叙事话语中,"其余部分"在历史上为人类发展所作的贡献被严重低估甚至视而不见,"其余部分"是蒙昧野蛮专制的代名词,需要用西方的文明标准去开发,不论什么样的历史背景和经济发展阶段,都只能用西方的模式去套改。西方中心主义的文化霸权理论,采用二分法原则,把世界分成"中心"和"边缘",把"其余部分"和西方对立起来,认为西方不仅代表了政治"民主"和"人权",甚至"民主"和"人权"本来就是西方文化的本性,而非西方的"其余部分"则是倾向于专制的。西方中心主义构造了这样的元叙事:西方是进步的力量,是创新和启蒙思想的载体,是西方在推动世界"其余部分"进步。

第二次世界大战之后,在"自由世界"秩序和西方话语的构建过程中,美国特别是美国的军事力量起到了关键性的作用。美国的"理想主义"和"美国例外"对战后世界秩序的建立发挥了重要影响。所谓

"美国例外",是与美国民族优越论、美国对世界的责任契约、不妥协的爱国主义等美国身份构建联系在一起的。西方国家在"自由世界"秩序构建过程中,特别突出地强调了"自由、民主、美国理想"等"合法性"的一面,强调西方机构、所有权和文化吸引力等因素,而有意回避军事力量在当今世界秩序创建和维持过程中的作用。如果没有第二次世界大战之后美国在世界各地的驻军,如果没有对法国和意大利等国家共产主义运动的武力威胁,如果没有美国在拉丁美洲、非洲和亚洲武装颠覆其敌对政府,如果没有美国政府在世界各地强硬地推行其政治、经济的利益和标准,西方话语霸权的构建是不可想象的。

进入21世纪以来,世界"其余部分"快速发展,如中国、俄罗斯、巴西、印度以及南非等金砖国家,逐渐在国际舞台上成为越来越重要的角色,美国霸权的衰落、世界多极化成为不可逆转的趋势,西方的话语霸权也受到了越来越多的挑战。反对恐怖主义、维护国际金融稳定、应对全球气候变暖,以及网络安全等问题,不是一个国家能够单独完成的任务,需要多边协作、共同努力。在这些问题上,金砖国家特别是中国已经成为重要的贡献者。在现有的国际秩序之内,中国作为负责任大国的行动受到了国际社会的广泛关注和赞赏。中国已成为重要的国际捐助国,是一个卓越的贡献者而不是"搭便车"者。中国的国际形象在明显提升,"中国威胁论"和"中国崩溃论"不攻自破。随着"一带一路"倡议的响应者和受益者越来越多,中国在国际社会的话语空间也越来越大。

三、中国软实力不断提升

近年来,中国高举和平、发展、合作、共赢的旗帜,积极推动建设相互尊重、公平正义、合作共赢的新型国际关系。我们呼吁构建人类命运共同体，积极促进"一带一路"国际合作，积极参与全球治理体系改革和建设，不断贡献中国智慧和力量。

在理念方面，中国提出了"构建人类命运共同体"的全球观，秉持共商共建共享的全球治理观，倡导国际关系民主化，努力构建以合作共赢为核心的新型国际关系，共同面对人类发展特定阶段面临的复杂难题，集中体现了中国智慧和中国担当，为世界提供了包含价值理念、制度设计在内的全球治理新思路。在2016年9月的二十国集团领导人峰会（G20峰会）上，习近平主席和其他成员国领导人就加强政策协商、创新增长方式、全球经济金融治理、国际贸易和投资等议题达成许多重要共识。在2016年11月的亚太经合组织工商领导人峰会上，习近平主席指出，"我们应该构建平等协商、共同参与、普遍受益的区域合作框架"，"坚定推进亚太自由贸易区建设"，"要重振贸易和投资的引擎作用，增强自由贸易安排开放性和包容性，维护多边贸易体制。""要积极引导经济全球化发展方向，着力解决公平公正问题，让经济全球化进程更有活力、更加包容、更可持续，增强广大民众参与感、获得感、幸福感。"[1] 在2017年1月举行的瑞士达沃斯论坛上，习近平主席强调，要"坚持协同联动，打造开放共赢的合作模式。人类已经成为你中有我、我中有你的命运共同体，利益高度融合，彼此相互依存"。[2]

2008年全球金融危机后，一些西方国家纷纷采取贸易保护主义措施，经济全球化进程一定程度上受阻。在这样一个攸关世界经济发展

---

[1] 《深化伙伴关系 增强发展动力——在亚太经合组织工商领导人峰会上的主旨演讲》，新华社利马2016年11月19日电。

[2] 《共担时代责任 共促全球发展——在世界经济论坛2017年年会开幕式上的主旨演讲》，新华社瑞士达沃斯2017年1月17日电。

前途的关键时刻，中国正在扮演着四重角色：利益攸关方、关键行动者、议程设计人和变革领航员。从杭州G20峰会到瑞士达沃斯论坛，习近平主席站在人类发展历史的高度所作的一系列深刻阐述，既勇敢面对全球历史变革关键时刻的复杂挑战，又坚定了各国对经济全球化发展前景的信心，发出了中国声音，贡献了中国智慧，显示了中国担当，构成了中国软实力的核心与灵魂。

在实践方面，仅2016年，中国企业就在"一带一路"沿线20多个国家累计投资超过185亿美元，为东道国创造了18万个就业机会。"一带一路"朋友圈正在迅速扩大。在《巴黎协定》的达成、签署、生效、落实过程中，中国起到了关键作用。在国际援助方面，自1950年至2016年，中国累计对外提供援款4000多亿元人民币，实施各类援外项目5000多个，其中成套项目近3000个，举办11 000多期培训班，为发展中国家在华培训各类人员26万多名。在非洲，中国正在获得越来越高的美誉度和吸引力。

在当今世界，人类面临许多共同挑战，世界面临的不稳定性不确定性突出，世界经济增长动能不足，贫富分化日益严重，地区热点问题此起彼伏，恐怖主义、网络安全、重大传染性疾病、气候变化等非传统安全威胁持续蔓延，人类命运共同体理念的提出，为国际社会吹来了暖风，带来了光明。中国正以负责任大国的担当引领世界前进的方向，国际软实力格局发生了重要变化，中国将作为重要的推动力量汇入构建人类命运共同体的大潮。

载于《红旗文稿》2017年第21期

把握和平发展时代主题
构建人类命运共同体

王新生

南开大学党委常委、副校长、马克思主义学院教授

当今世界正处于大发展大变革大调整时期，不同文明、国家、民族、宗教之间要相互尊重、和谐共处，共同构建人类命运共同体，这是整个世界紧要而迫切的任务。作为拥有5000多年文明和悠久历史的国家，作为当今世界最大的发展中国家，中国怎样理解这一问题？会给出怎样的方案？这是全世界都非常关注的问题。

习近平总书记在党的十九大报告中提出，各国人民同心协力，构建人类命运共同体，建设持久和平、普遍安全、共同繁荣、开放包容、清洁美丽的世界。这是中国对这个问题鲜明的回答。这个回答真切地表明，中国把握当今世界和平与发展的主题，坚定奉行独立自主的和平外交政策，积极发展全球伙伴关系，扩大同各国的利益交汇点，坚持对外开放的基本国策，秉持共商共建共享的全球治理观，发挥负责任大国的作用，努力在全球治理体系改革和建设中贡献中国智慧和力量，提供鲜明而独特的中国方案。

当今世界，国际格局的变化和调整与大国力量对比的变化息息相关，但根本上还在于冷战结束后原有的世界主要矛盾向新的一系列矛盾转化。费尔南·布罗代尔在其《文明史纲》中说，对于西方人而言，将文明理解为"复数形式"只是19世纪之后的事情，而在资本

主义兴起之后很长的历史中,西方人始终以西方文明为基准理解其他文明,将文明理解为"单数形式"。即是说,西方文明因其与工业文明的共振而代表了世界文明发展的方向,因而成为终结其他文明的文明的单数。但是,"由西方输出的'工业文明'仅是整个西方文明的特征之一而已。世界接受了它,并非就是在接纳西方文明之整体,事实远非如此。"① 因此,在今天,"单数形式的文明已经在某种程度上丧失了其权威性"②。

在当今世界,"单数形式的文明"已经成为一种不受欢迎的观念,与此同时,不同的国家、民族和文明间的联系却比以往任何时候都更加深刻。多样性与一体化并存,这是当今世界的基本图景。随着经济全球化的日益发展,国家与国家之间、民族与民族之间相互依存、利益交融、命运相连、安危与共,越来越成为你中有我、我中有你的命运共同体,这种世界图景所要求的恰恰是和而不同的多样性共存。冷战时期,那种弱肉强食、你死我活、赢者通吃的"零和博弈"已经过时。面对环境恶化、重大疾病威胁、核威胁、贫困等重大全球性问题,没有任何国家可以单独应对,也没有任何国家能够退回到自我封闭的孤岛。面对日益深刻关联而又深度分裂的世界,面对日益深化的现代性困境和全球性危机,没有任何一种文明可以宣称能够提供唯一正确的解决方案。被西方文明奉为圭臬的"单数文明"所提供的标准日益显现出历史局限性,由此世界只能在文明的"复数形式"下寻求普遍接受的解决方案。正是在这种背景下,中国历史性地提出了构建人类命运共同体的倡议,尊重世界文明多样性,以文明交流超越文明隔阂、文明互鉴超越文明冲突、文明共存超越文明优越。

---

① 费尔南·布罗代尔著,肖昶等译:《文明史纲》,桂林:广西大学出版社,2003年版,第27页。

② 同①。

这一中国方案并不是一种单纯的理想，而是在中国特色社会主义实践的基础上提出的。新中国成立特别是改革开放以来，中国在追求现代化的过程中，从站起来到富起来，走出了一条不同于西方的社会发展道路，取得了令人瞩目的成就。当前，中国特色社会主义事业的发展又进入了新的阶段，这意味着近代以来饱受磨难的中华民族迎来了从富起来到强起来的伟大飞跃，迎来了实现中华民族伟大复兴的光明前景。中国在追求现代化过程中所走过的这条道路，是在具有悠久传统的中国文化土壤中生成的，蕴含着独特的中国智慧；这条道路是在不同于自由主义的马克思主义理论的根基上建立起来的，蕴含着唯物史观对人类社会发展规律的深刻洞见。这条道路的成功，拓展了发展中国家走向现代化的途径，给世界上那些既希望加快发展又希望保持自身独立性的国家和民族提供了全新的选择，为解决人类问题提供了中国智慧和中国方案。中国传统文化强调和而不同的"和合"理念，主张"大道之行，天下为公"，推崇不同文化之间的"美美与共，天下大同"，因而为人类命运共同体理念的提出提供了文化滋养。

　　构建人类命运共同体，并不是为了某个"单数文明"的独家利益，而是符合各国人民愿望和根本利益。从长远历史角度看，西方资本主义市场经济在近代的出现极大地推进了整个世界的现代化过程，资本的扩张过程为经济全球化提供了巨大的推动力，大大加速了现代世界的形成。但是，资本主义的发展和资本的无限扩张也带来了世界发展的不平衡，造成一系列西方思想家所深惧的"现代性问题"和"现代性病症"。从当前看，世界发展正面临各种问题和挑战。一方面，发展鸿沟日益加深，地区冲突频繁发生，恐怖主义和难民潮相伴而生，发展中国家的现代化建设面临重大挑战。另一方面，金融危机导致世界经济低迷，也使得西方发达资本主义国家的发展面临困难，而当西方发达资本主义国家的利益受到影响的时候，质疑全球化的声音开始出现，形成各种社会政治思潮激烈交锋的乱局。在这种背景下，习近平总书记提出构建人类命运共同体理念，指明了世界发展和人类未来的方向。推动构建人类利益共同体、责任共同体、命运共同体的主张和实践，不仅符合不同发展水平国家和民族的利益，而且得到广泛的支持和响应。

构建人类命运共同体，不仅是中国的崇高理想和目标，也是世界各国的共同责任和历史使命，因此必须依靠各国人民同心协力、共同奋斗。为了实现这一崇高目标，在经济上，世界各国无论处于怎样的现代化发展水平，都要同舟共济，促进贸易和投资的自由化与便利化，使自己融入全球化经济体系之中，而不是退回到自我封闭的孤岛，更不是见利忘义，将自己的利益凌驾于他国之上。在政治上，应当秉持国家之间相互尊重、平等协商的原则，坚决摒弃冷战思维和对抗思维，走对话协商的道路，不走强权政治道路。在文化上，不同国家、民族、文明、宗教之间，应当秉持相互尊重的原则，尊重文明的多样性，在交流中超越隔阂，在互鉴中超越冲突，共建人类命运共同体。在生态上，各国应当摒弃以邻为壑的狭隘利益观，携手共同应对气候变化，根据自己的能力和发展水平承担生态责任，共同保护好人类赖以生存的地球家园。构建人类命运共同体是一种崇高的理想，也是一种崇高的实践，沿着这条道路，我们一定能够创造人类更加美好的未来。

载于《中国社会科学报》2017年11月17日，第6版

构建人类命运共同体理念的时代背景

陈积敏

中央党校（国家行政学院）国际战略研究院世界思潮研究所副所长、教授

国际社会迫切呼唤新的全球治理理念，构建新的更加公正合理的国际体系和秩序，开辟人类更加美好的发展前景。构建人类命运共同体理念既汲取了中华民族传统文化的精髓，又继承并创造性发展了马克思主义。

时代是思想之母。理解构建人类命运共同体理念首先需要弄清楚孕育这一理念的时代背景是什么，而要回答好这个问题，又牵涉到另外两个密切相关的问题，即为什么要提出构建人类命运共同体理念以及为什么是中国首先提出了这一理念。综合而言，全球性相互依赖加强、全球治理面临新挑战以及中国的大国责任担当构成了这一时代背景的主基调。

一、全球性相互依赖促使人类命运紧密相连

当今时代的一个主要特征就是高度相互依赖性。这种相互依赖性突出体现在三个方面。

一是发展的相互依赖性。环顾世界，任何一个国家要想获得发展，就必须融入全球大的发展体系之中，奉行开放发展、包容增长的

理念与政策，同时将本国的发展战略与他国的发展战略很好地对接，这样才能实现共同的、可持续的发展目标。可以说，当今世界各国发展机遇与愿景相互关联，没有一个国家能够脱离于世界而获得发展。因而，这种发展必然是一种互动的发展、合作的发展、多赢的发展、共同的发展。

二是风险与挑战的相互依存性。全球气候变化、生态环境恶化、恐怖主义、粮食安全、核危机、难民潮等一系列问题成为世界各国与地区共同面临的全球性挑战，需要全人类共同应对。可以说，风险与挑战的跨国性、联动性特点决定了没有哪个国家能够独自应对人类面临的各种挑战，也没有哪个国家能够退回到自我封闭的孤岛，在风险与挑战面前不允许有"旁观者""退缩者"，更不能有"转嫁责任者""损公肥私者"。世界各国需要以负责任的精神同舟共济，共同面对挑战，合力应对危机，维护和促进世界和平与发展。

三是议题的相互交融性。当今世界，政治、经济、安全、社会、文化、科技等不同议题领域的边界已经远不如之前那样清晰可见，并且这些议题的相互交融性与交换性明显增强，从而极易引发"共振效应"。客观来说，这种议题领域的交互性特征使得国家间关系变得更为复杂，从而要求各国必须以一种整体的、系统的视角与方法来加以应对与处理。总之，人类生活在同一个地球村，各国日益相互依存、命运与共，越来越成为你中有我、我中有你的命运共同体。

二、全球治理体系需要变革与发展

当前全球治理体系主要基于二战后在西方国家主导下建立起来的一系列国际机制、规范、原则与模式。然而，随着时代的变迁、国际权力配置的变化以及全球性挑战的日益严峻，现有国际机制暴露出重大缺陷。联合国发布的《2010年世界经济与社会概览：重探全球发展之路》报告中坦承，"2008—2009年全球经济危机暴露了金融市场运作的体制性失效以及经济决策核心的严重缺陷，而且，经济危机和金融危机是紧随其他几场危机爆发的"，粮食、能源、气候变化等"多重危机接踵而至，暴露了我们的全球治理机制在这些挑战面前，存在的严重弱点"。

当前全球治理体系面临诸多挑战，主要有两大表现。

第一个挑战是现有全球治理体系无法反映国际政治经济发展的现实。世界多极化、经济全球化、社会信息化、文化多样化深入发展，新兴市场国家和广大发展中国家快速崛起，日益改变国际力量对比。仅以全球经济治理机制为例。目前，新兴市场国家和发展中国家对全球经济增长的贡献率已经达到80%，成为名副其实的全球经济增长驱动器与主力军。据国际货币基金组织2018年4月发布的《世界经济展望》预测，2018年、2019年全球经济增长率皆为3.9%，而发达经济体的经济增长率分别为2.5%与2.2%，新兴经济体和发展中国家则为4.9%与5.1%。然而，在全球经济治理体系的架构中，新兴市场国家与发展中国家的代表性与发言权与它们对世界经济增长所作出的贡献率明显不相匹配。以国际货币基金组织的投票权为例。美国占有16.52%的投票权，在重大事项决议中拥有一票否决权。其他发达国家，如日本、德国、英国、法国的投票权分别为6.15%、5.32%、4.03%、4.03%。作为新兴经济体代表的中国的投票权也仅为6.09%。对于全球治理体系"包容性与代表性很不够"的问题，这一体系的主要建构者们却漠然置之，并以各种方式阻挠、迟滞对现有全球治理机制进行必要的、与时俱进的改革与调整，从而使得这一治理体系的滞后性、失衡性更为凸显。

上述状况又导致了第二个重要挑战的衍生与固化，即现有全球治理体系无法有效应对当前人类面临的共同挑战，全球治理失灵的现象屡屡发生。当前国际格局正处于深刻变动之中，矛盾性、复杂性与不可预期性凸显，主要体现在四个方面：一是大国战略博弈日趋激烈。大国既是国际体系变革的主导性力量，同时对国际体系的变化也十分敏感。大国重视国际体系的塑造，并将其作为占据国际政治、经济、文化等各领域制高点的有效途径。从历史上看，国际体系剧烈变动时期，主要因国际力量格局的再调整、再平衡所起，而这一过程往往伴随着战争与动荡。二是全球民粹主义抬头，逆全球化现象出现。国家间共同利益逐渐让位于竞争性利益，甚至排他性利益，国际关系"以邻为壑"的现象有可能重现。2008年的金融危机所引发的后续效应仍未消除，全球贸易和投资低迷，国际大宗商品价格持续波动，世界经济处于艰难复苏之中。三是地缘政治因素错综复杂，地区热点问题难以破解，安全困境日渐深化；恐怖主义、极端主义扩张，以及技术的进步所带来的复合影响；传统安全和非传统安全风险相互交织与叠加，这些都增加了未来世界发生冲突的危险。四是国际秩序存在失范的风险。在国际体系中占据主导地位的西方国家政策内顾倾向加重，保护主义抬头，甚至推卸、逃避国际责任，全球安全、繁荣等"公共产品"的供给有出现严重危机的风险。面对如此之多的问题，现有全球治理体系不仅无法从根本上作出解答，找到出路，甚至还使经济不平等、发展失衡、气候变化等问题进一步扩大化。有鉴于此，国际社会迫切呼唤新的全球治理理念，构建新的更加公正合理的国际体系和秩序，开辟人类更加美好的发展前景。

三、中国有意愿也有能力为世界作出更大贡献

如果说上述两个方面阐释了为什么要提出构建人类命运共同体理念的话，那么即将要阐述的这一点则说明了为什么是中国首先提出这一理念。概言之，构建人类命运共同体理念的提出离不开中国的大国责任担当。这种责任担当至少建立在两个基础之上。

一是中国共产党人的使命担当。中国共产党是为中国人民谋幸福的政党，也是为人类进步事业而奋斗的政党。中国共产党始终把为人类作出新的更大的贡献作为自己的使命。毛泽东曾经说过，"中国应当对于人类有较大的贡献"。邓小平也反复强调这一点。1983年12月1日，邓小平在会见美国客人时表示："中国应对人类有较大的贡献。在古代我们做得不错，对人类有突出的贡献。"习近平总书记在党的十九大报告中明确指出，经过长期努力，中国特色社会主义进入了新时代，这是我国发展新的历史方位。同时，习近平总书记进一步指出，这个新时代，是我国日益走近世界舞台中央、不断为人类作出更大贡献的时代。可见，正是由于中国共产党人始终秉持"对人类有较大贡献"的理念才使得中国在发展自己的同时也将注意力聚焦到世界的发展以及人类社会的未来。

二是中华优秀传统文化以及马克思主义时代化所赋予的文明的力量。构建人类命运共同体理念是对人类社会发展理念的新探索，也是对人类社会总体发展规律的宏观认识与整体把握。因而，如果没有深厚的文化积淀，没有充分的理论准备，没有科学的方法指导，这样宏大的思想体系根本无法构建起来。从文化角度来说，中华文明蕴含着博大精深的立身处世之道，如"己欲立而立人，己欲达而达人"的思

想境界,"丈夫贵兼济,岂独善一身"的道德情怀,这些理念与基于人性本恶、物竞天择的西方政治哲学有着明显不同。这种文明的滋养早已"内化于心,外化于行",成就了中国国家行为与国际行为的自觉性。从理论准备与方法指导来说,构建人类命运共同体理念既是对马克思主义国际观的一种继承,更是对马克思、恩格斯社会共同体思想的创造性运用和发展。马克思、恩格斯曾多次使用"共同体"的表述,尤其是在《德意志意识形态》《资本论》等著作中,如"自然形成的共同体""抽象的共同体""虚幻的共同体""虚假的共同体""真正的共同体"等。马克思、恩格斯主要从人的生存和发展的角度来阐释共同体,主张"只有在共同体中,个人才能获得全面发展其才能的手段,也就是说,只有在共同体中才可能有个人自由"。构建人类命运共同体理念既着眼于社会中每个个体的生存与发展,更自觉站在人类整体的高度来审视与考察人类社会的未来发展,突破与超越了民族国家和意识形态等因素的禁锢与制约。因此,构建人类命运共同体理念既汲取了中华民族传统文化的精髓,又继承并创造性发展了马克思主义。事实上,只有在中国共产党领导下,在日益走近世界舞台中央的21世纪的中国,才能提出这一具有深刻文化因素与理论积淀的宏大理念。

载于《学习时报》2018年7月2日,第2版

从大历史观看人类命运共同体

于 沛

中国社会科学院中国历史研究院研究员

历史研究是一切社会科学的基础。马克思世界历史理论,是马克思主义历史观的重要内容,也是马克思从这一历史观出发,对人类历史进程的规律性内容进行解读的科学成果。今天,人类早已生活在马克思所揭示的"世界历史"时代,即生活在你中有我、我中有你、命运相连的全球化时代。习近平总书记阐明的人类命运共同体理念,进一步科学分析并揭示了当今世界历史进程的新特点和新趋势,是对马克思世界历史理论的丰富和发展。我们要站在世界历史的高度审视当今世界发展趋势和面临的重大问题,同各国人民一道努力构建人类命运共同体,把世界建设得更加美好。

一、马克思世界历史理论

与以往唯心主义的世界历史理论根本不同,马克思世界历史理论是建立在唯物史观基础之上的。马克思世界历史理论认为,世界历史的物质基础是生产方式的变革,它是以生产力的普遍发展和与此相关的世界交往的普遍发展为前提的;人类社会发展的历史过程,就是由原始封闭的民族历史向广阔的世界历史的转变,这个转变的过程就是人类不断打破地域的限制和克服各种局限而获得完全解放的过程,是世界各民族互相依存并走向统一的过程；资本主义的"世界历史性存在"形式只是为人的彻底解放准备了前提条件，而不会使人获得彻底解放，只有在共产主义条件下，才能克服资本主义世界历史的局限性，真正实现人的解放；人类历史发展的进程大致要经历以下几个阶段："部落所有制"、"古代公社所有制和国家所有制"、"封建的、等级的所有制"、"资本主义所有制"和"生产资料公有制"（共产主义社会），共产主义代替资本主义是人类社会发展的必然趋势，世界历史的本质是走向共产主义。

马克思世界历史理论不是凭空产生的，而是经过了一个长期艰辛的探索过程。他先后做了七个编年史摘录，撰写了《1848年至1850年的法兰西阶级斗争》《路易·波拿巴的雾月十八日》等历史著作，而直接阐释世界历史理论的则是《德意志意识形态》和《共产党宣言》。《德意志意识形态》对"世界历史"的涵义作了明确界定："各民族的原始封闭状态由于日益完善的生产方式、交往以及因交往而自然形成的不同民族之间的分工消灭得越是彻底，历史也就越是成为世界历史。"《共产党宣言》运用唯物史观揭示了资本主义社会的内在矛盾，阐述共产主义必然代替资本主义的历史趋势。《共产党宣言》的发表是马克思世界历史理论形成的重要标志，之后马克思不断对其进行补充和完善，比如《资本论》就进一步阐释了共产主义代替资本主义的历史必然性。马克思晚年还留下了两部研究历史的笔记：一是《历史学笔记》，主要是对公元前1世纪到公元17世纪欧洲的历史作了批判性评述，其主要关注点是封建制度瓦解、资本主义发展时期的现代民族国家的起源、资产阶级为确立自己的统治所进行的斗争，以及与这一时期欧洲历史有关联的一些亚洲和非洲国家的历史。二是《古代社会史笔记》，对公元前1世纪之前欧洲历史的主要内容作了详细的研究性摘录。从马克思的这两部历史学笔记可以看出，他是如何从"社会结构理论""社会形态划分理论""社会转化理论"等方面，完善了历史唯物主义学说；如何对政治经济学的一些论断进行了修正；如何丰富和发展了科学社会主义理论，包括无产阶级革命同盟军、东方革命与西方革命的关系等。

历史和现实日益证明马克思世界历史理论的科学价值。在原始社会，人类历史处于封闭状态。大约在公元前4300年，在西亚的两河流域，率先开始了氏族制向阶级社会和文明时代的过渡。奴隶社会是人类历史上第一个阶级社会，奴隶制国家的经济社会制度和生产力发展水平，决定了这些国家的生存环境及彼此之间的"封闭状态"。在古希腊，公元前8世纪至公元前6世纪曾经出现了"海外大移民"运动。但是，从"世界历史"的视角来看，这并没有改变当时人类历史的"封闭状态"。在封建社会，各个国家和民族的活动范围和交往联系虽然明显扩大了，但由于封建土地所有制是封建社会的基础，其本质是封建主对大部分土地的占有和对劳动者的不完全占有。因此，封建经济仍然是一种自然经济，这就决定了人类在封建社会的历史行程，仍然没有从民族性、地方性的历史转向普遍性、世界性的历史。

马克思说："虽然在14和15世纪，在地中海沿岸的某些城市已经稀疏地出现了资本主义生产的最初萌芽，但是资本主义时代是从16世纪才开始的。"[①] 从这时到18世纪中叶英国工业革命，是封建制度瓦解、资本原始积累和资本主义手工工场发展的时期。生产力的发展，使各个民族之间开始有了交往，并逐渐成为经常性的交往。荷兰在16世纪末、英国在17世纪中叶、法国在18世纪末、德国及其他一些国家在19世纪中叶，先后爆发了资产阶级革命，封建主义生产

---

① 马克思：《资本论》（第一卷），北京：人民出版社，2004年版，第823页。

方式被资本主义生产方式取代。这在更广范围内，推动了历史向世界历史的转变。

在1867年出版的《资本论》第一卷中，马克思科学分析了资本主义这一世界历史现象并指出，这只是人类历史发展的一个阶段，它的产生、发展和消亡是一个必然历史过程。在人类历史进程中，资本主义把人从封建制的束缚下解放出来，这是一个进步。但是，资本主义社会存在无法解决的内在矛盾。马克思、恩格斯指出："资产阶级用来推翻封建制度的武器，现在却对准资产阶级自己了"，"资产阶级不仅锻造了置自身于死地的武器；它还产生了将要运用这种武器的人——现代的工人，即无产者"，"随着大工业的发展，资产阶级赖以生产和占有产品的基础本身也就从它的脚下被挖掉了。它首先生产的是它自身的掘墓人。资产阶级的灭亡和无产阶级的胜利是同样不可避免的。"同时，马克思以世界历史的眼光深刻批判了殖民地制度："当我们把目光从资产阶级文明的故乡转向殖民地的时候，资产阶级文明的极端伪善和它的野蛮本性就赤裸裸地呈现在我们面前，它在故乡还装出一副体面的样子，而在殖民地它就丝毫不加掩饰了。"

马克思世界历史理论的形成，既是对现实社会的反映，也是对前人研究成果的继承和发展。其中，黑格尔哲学就是重要的理论来源之一。黑格尔在《法哲学原理》和《历史哲学》中，第一次系统阐发了他的世界历史思想。黑格尔第一次——这是他的巨大功绩——把整个自然的、历史的和精神的世界描述为一个过程，即把它描述为处在不断地运动、变化、转变和发展中，并试图揭示这种运动和发展的内在联系。但是，他从"绝对精神"、"世界精神"或"自我意识"出发，把人类历史理解成神的理性的实现，把实践活动中的人类历史变成了神秘的、抽象的历史。马克思世界历史理论的主题，是通过对资本主义开创的世界历史的科学分析，论述实现社会主义、共产主义的必然性。因此，马克思虽然从黑格尔的哲学出发，但无论在逻辑起点上，还是在价值取向上，都根本超越了它。

二、从历史到世界历史：生产力革命和交往革命

马克思世界历史理论认为，世界历史不是过去一直存在的，作为世界历史的历史是结果，而其形成的根源、前提和动因，首先是社会生产力、科学技术的迅速发展。生产力的高度发展，必然引起广泛的社会分工，这种分工又会扩大商品交换，商品交换扩展到世界范围又形成了世界市场，世界市场则加快了各个国家和民族连为一体，形成世界历史。

历史成为世界历史，交往也随之改变，逐渐变成世界性的交往。马克思的交往理论，是马克思的社会发展理论的重要内容之一。交往是人的社会存在形式，有利于促进人的世界历史性的发展，而社会生产力的发展水平直接制约着交往的水平。在人类历史进程中，不难看到这样一种规律性的现象：孤立、封闭、隔绝，总是和落后的社会生产力水平联系在一起，反之也如此，即交流、交往、开放，往往是和先进的社会生产力水平联系在一起的。这种客观存在的辩证关系，正如马克思所言，"生产本身又是以个人彼此之间的交往为前提的。这种交往的形式又是由生产决定的。"马克思指出，世界历史形成的根本原因在于现实的物质生产，因为"只有随着生产力的这种普遍发展，人们的普遍交往才能建立起来"。在这一过程中，作为"交往主体"的人的素质也在适应世界历史中全面提高。在一定意义上说，世界历史的形成，就是在生产力不断发展的基础上，现代社会交往不断

扩大的过程。正是在不断交往中，人类历史从封闭走向开放，从地域性走向全球性，共产主义理想也从一国走向多国，将人类命运紧密联系在一起。

生产力和交往关系的发展，开始突破民族的地域性局限，亦即历史最初向世界历史转变，大体始于16世纪。随着欧洲资本主义生产方式的萌芽和发展，新兴资产阶级对海外商贸利益的追逐日益加剧，各种因素交织在一起促成了新航路开辟，扩大了世界交往，引起了狂热的殖民扩张和商业革命，直接加速了世界历史的形成。马克思指出："冒险者的远征，殖民地的开拓，首先是当时市场已经可能扩大为而且日益扩大为世界市场，——所有这一切产生了历史发展的一个新阶段。"① 资本主义为建立和扩大世界市场，就必须消灭各个国家和民族彼此孤立隔绝的状态。那些地域的和人为设置的种种障碍，都被资本的膨胀和扩张所冲破，资本主义为自身的发展获得了更多更大的空间，各个民族的历史越来越成为世界性的历史。随着历史转向世界历史，人自身也同时从地域性的封闭条件下的个人，转变为世界历史性的个人。

一般认为，近代以来，人类历史上因生产力的迅速发展，发生了数次改变世界的生产力革命。第一次生产力革命，即人们常说的工业革命。分工、水力特别是蒸汽力的利用、机器装置的应用，是从18世纪中叶起工业用来摇撼旧世界的三个伟大杠杆。工业革命后，资本主义制度最终确立，科学技术在生产力中的作用日益重要，工商业逐渐取代农业成为人类文明发展的重要推动力量。《共产党宣言》指出："资产阶级在它的不到一百年的阶级统治中所创造的生产力，比过去

---

① 马克思、恩格斯：《德意志意识形态》（节选本），北京：人民出版社，2018年版，第56页。

一切世代创造的全部生产力还要多，还要大。"在生产力发展推动下，特别是在资本主义生产方式条件下，交往形式、交往关系由最初"个人彼此之间"的关系发展为地区之间、民族之间或国家之间的关系。资产阶级，由于一切生产工具的迅速改进，由于交通的极其便利，把一切民族甚至最野蛮的民族都卷到文明中来了。过去那种地方的和民族的自给自足和闭关自守状态，被各民族的各方面的互相往来和各方面的互相依赖所代替了，民族的片面性和局限性日益成为不可能，世界越来越成为一个整体。

第二次生产力革命，即19世纪六七十年代开始的电工技术革命。恩格斯指出，电的利用将为我们开辟一条道路，生产力将因此得到大发展，以至于越来越不再需要资产阶级的管理了。这次生产力革命，把人类社会从蒸汽时代推进到电气时代。到了20世纪初，各种电气产品如雨后春笋般涌现出来，引起了人类生产和生活的革命性变化。电工技术革命不仅带动了一个由电力、电器、化学、石油、汽车工业所组成的新工业群的出现，也使经过新技术改造的钢铁、造船、采矿等旧工业部门焕发出新的活力，并得到快速发展。重工业成为资本主义各国工业的主导。随着大生产的展开，企业管理模式也发生了重大变革，资本主义生产的社会化程度大大加强，垄断与垄断组织形成，资本输出成为资本主义向全球扩张的主要经济手段，主要资本主义国家进入帝国主义阶段。在交往层面，电报、电话、汽车、内燃机等新技术新发明引起交通运输革命和通信手段的变革，扩大了人们的活动范围，加强了人与人之间的交流，使得各国的经济、政治和文化联系进一步加强，世界更加成为一个相互联系不可分割的整体。资本主义列强争夺市场和世界霸权的斗争更加激烈，粮食和原料的生产越来越集中在发展相对滞后的亚非拉国家，工业生产则集中在帝国主义列强，资本主义世界体系最终确立。

第三次生产力革命，指第二次世界大战后，世界范围内掀起了以原子能、空间技术和电子计算机、信息技术为主要内容的新科技革命浪潮。与以往相比，第三次生产力革命表现出的新特点是：科学技术新成果的高速增长；科学技术应用于生产的周期越来越短，高科技群体化、产业化；科学与技术两者间的结合、转化加快，科技自身的发展速度加快；新科技革命所形成的新的技术能力，对人类社会产生空前巨大的影响。生产力革命的发展促使超越国界的市场体系、金融体系和生产体系的形成，使世界现代历史的发展进入经济全球化的新阶段。

当前，我们正在经历一场更大范围、更深层次的科技革命和产业变革，德裔学者施瓦布也称之为"第四次工业革命"。这次新工业革命是以指数级而非线性速度展开，必将带来人类生产方式、经济形态、生活方式、交往方式和思维方式的一系列变革，缩短世界的时空，拉近各个国家、民族的距离。被纳入世界历史潮流之中的各个民族和国家都成为世界有机整体的组成部分，每一个国家和民族的重大事件都具有"世界历史性的前提"，是世界综合因素和国内因素相互联系和作用的产物。

三、从"世界历史"视域看构建人类命运共同体

马克思在19世纪作出的世界历史预言如今变为现实，马克思世界历史理论所揭示的人类社会发展的总体规律已经并正在被人类的实践所证明。第二次世界大战后欧洲衰落、苏美崛起，一些国家走上社会主义道路，特别是新中国的成立，极大改变了世界政治力量的对

比。民族解放运动兴起，一大批亚非拉国家获得独立，并活跃在世界政治舞台上。正是基于这样的事实，英国学者巴勒克拉夫在其文集《处于变动世界中的历史学》中，最先明确提出全球史和全球史观。他认为：西方史学需要"重新定向"，史学家应该从欧洲和西方跳出，将视线投射到所有的地区和时代。美国学者塔夫里阿诺斯撰写了享有全球史代表作之誉的《全球通史：从史前史到21世纪》。他的观点和巴勒克拉夫一致，即20世纪60年代以来的后殖民世界使一种新的全球史成为必需，新世界需要新史学。他认为，每个时代都要书写它自己的历史。不是因为早先的历史书写得不对，而是因为每个时代都会面对新的问题，产生新的疑问，探求新的答案。

历史行进到现在，人类社会正处在大发展、大变革、大调整时期，面临百年未有之大变局。世界多极化、经济全球化、社会信息化、文化多样化深入发展，全世界愈益紧密地联系在一起。今天我们所处的时代，按照历史唯物主义的逻辑，是世界历史发展的新阶段。经济发展带来的全球化使得世界范围内的社会关系被强化，相距遥远的地域相互联系，人类的交往比过去任何时候都更深入、更广泛，形成了相互依存、彼此依赖的新型关系。进言之，当今世界的全球化进一步确证了马克思世界历史理论的真理性。

然而，一些西方学者却对全球化和全球史作出错误解读。他们认为，全球化和全球史的最终指向是"经济和政治的自由主义的最后胜利"，即资本主义的一统天下。这只是一厢情愿罢了！经济全球化虽然在一定程度上拓展了资本主义生产关系的空间，使得资本主义所固有的矛盾有所缓解，但这并没有从根本上消除马克思所揭示的资本主义生产社会化和生产资料私人占有这一基本矛盾。资本主义是人类社会发展的重要阶段，资产阶级在历史上也起过非常革命的作用，但资本主义的本质是以雇佣劳动为基础的剥削制度，它必然走向灭亡。自然，"无论哪一个社会形态，在它所能容纳的全部生产力发挥出来以前，是决不会灭亡的；而新的更高的生产关系，在它的物质存在条件在旧社会的胎胞里成熟以前，是决不会出现的。"如果说资本主义是经济全球化的历史起点，那么，共产主义则是真正的全球化的历史归宿，即人类进入大同世界。共产主义的前提是社会生产力的高度发展，是人类社会普遍的密切的联系和交往。经济全球化为实现共产主义创造着重要的物质条件，新的生产方式和交往方式在全球扩展，必将突破资本主义的界限，使全人类获得解放。

当前，世界发展面临各种问题和挑战，经济全球化遭遇逆风，世界经济长期低迷，发展鸿沟日益突出，地区冲突频繁发生，恐怖主义、难民潮等全球性挑战此起彼伏，各种社会政治思潮交锋激荡。世界怎么了，人类怎么办？国际社会对未来发展方向感到迷茫彷徨。与此同时，以西方占主导、以西方价值观为主要取向的国际格局已难以为继，西方的治理理念、体系和模式越来越难以适应新的时代潮流，各种弊端积重难返。国际社会呼唤新的全球治理理念，需要构建新的更加公正合理的国际秩序，开辟人类更加美好的发展前景。

从我国自身的发展历程看，近代以来我国同世界的关系经历了三个阶段：一是从闭关锁国到半殖民地半封建社会阶段，先是在鸦片战争之前隔绝于世界市场和工业化大潮，接着在鸦片战争及以后的数次列强侵略战争中屡战屡败，成为积贫积弱的国家；二是"一边倒"和封闭半封闭阶段，新中国成立后，我们在向苏联"一边倒"和被封锁、相对封闭环境中艰辛探索社会主义建设之路；三是全方位对外开放阶段，改革开放以来，我们充分运用经济全球化带来的机遇，不断扩大对外开放，实现了中国同世界关系的历史性变革。实践告诉我们,中国的发展离不开世界,世界的繁荣也需要中国。

习近平总书记在致中国社会科学院中国历史研究院成立的贺信中深刻指出:"新时代坚持和发展中国特色社会主义,更加需要系统研究中国历史和文化,更加需要深刻把握人类发展历史规律,在对历史的深入思考中汲取智慧、走向未来。"① 正是在深刻把握历史与现实辩证关系、洞察中国和世界发展潮流的基础上,习近平总书记着眼人类发展和世界前途,以大国领袖的责任担当,深入思考"建设一个什么样的世界、如何建设这个世界"这个关乎人类前途命运的重大课题,提出了构建人类命运共同体的理念,并在不同场合对其进行阐释,形成了科学完整、内涵丰富、意义深远的思想体系。2013年3月,习近平主席在莫斯科国际关系学院发表演讲,郑重向世界传递对人类文明走向的中国判断:"这个世界,各国相互联系、相互依存的程度空前加深,人类生活在同一个地球村里,生活在历史和现实交汇的同一个时空里,越来越成为你中有我、我中有你的命运共同体。"② 2015年9月,在联合国成立70周年系列峰会上,习近平主席全面论述了打造人类命运共同体的主要内涵:建立平等相待、互商互谅的伙伴关系,营造公道正义、共建共享的安全格局,谋求开放创新、包容互惠的发展前景,促进和而不同、兼收并蓄的文明交流,构筑尊崇自然、绿色发展的生态体系。在党的十九大报告中,习近平总书记明确指出,中国特色大国外交要推动构建新型国际关系,推动构建人类命运共同体。构建人类命运共同体,符合现阶段世界发展状况,是从当代世界经济、政治、文化、社会、生态文明等发展的具体实际出发提出的科学理念,深刻回答了"人类社会向何处去"这一时代之问,体

---

① 《习近平致中国社会科学院中国历史研究院成立的贺信》,新华社北京2019年1月3日电。

② 《习近平在莫斯科国际关系学院的演讲(全文)》,新华社莫斯科2013年3月23日电。

现了中国共产党对马克思主义的创造性运用和发展,既与马克思世界历史理论一脉相承,又是伟大的创新和发展。

人类命运共同体理念是在传承以往世界历史理念的基础上,形成的一种新的和平外交理念。它超越了"西方中心论"的狭隘性和"民族—国家"的扩张性,集中关注人类整体命运和世界和平,致力于建构以合作共赢为核心的新型国际关系,超越了均势和霸权两种国际秩序观,形成了一种新型国际秩序观。人类命运共同体理念的本质就是合作共赢的全球治理思想,是一种理论创新、制度创新和道路创新,是对当前西方资本主义国家在全球治理上的超越。可以说,人类命运共同体理念承载了对人类共同命运的思考,是对全球治理的现实回应,也是我国在新时代基于经济全球化、国际政治经济新秩序构建等提出的中国方案。

历史是最好的老师,漫长的人类社会发展史告诉人们,一部人类文明史,就是各民族多元文明相互交融、互相促动的发展过程,是使历史成为世界历史的过程。英国哲学家罗素曾说,不同文明之间的交流过去已经多次证明是人类文明发展的里程碑。希腊学习埃及,罗马借鉴希腊,阿拉伯参照罗马帝国,中世纪的欧洲又模仿阿拉伯,而文艺复兴的欧洲仿效拜占庭帝国。正是由于不同文化之间的碰撞、交流和交融,才使得这些文化在自身的发展中不断地汲取营养,在不同的历史时期都焕发出新的生命力,世世代代延续下去。人类命运共同体是包括各种社会形态和文明形态的"总体",这个"总体"并不否认各国之间的矛盾和冲突,而是寻求最优途径解决这些冲突和矛盾。2005年,联合国教科文组织通过的《保护和促进文化表现形式多样性公约》提出,文化多样性是人类的一项基本特性,是人类的共同遗产,应当为了全人类的利益对其加以珍爱和维护。人类文明多姿多彩，百花芬芳。每一种文明都是平等的，没有高低优劣之分，不同文明应该和谐共生、相得益彰。尊重文明的多样性，最重要的是顺应时代潮流，尊重各国对于社会制度和发展道路的选择，向着构建人类命运共同体的目标不断迈进，让人类命运共同体建设的阳光普照世界。

人类命运共同体理念是新的历史条件下马克思主义关于人的解放理论的体现，指明了人类未来奋斗的目标和方向。从这个意义上来说，人类命运共同体的构建是未来实现"自由人的联合体"的必经阶段。共产主义是社会发展的必然，遥远并不等于渺茫，它的因素就存在于历史和现实之中。作为制度，共产主义的第一阶段，即社会主义已成现实。20世纪90年代初以来，世界社会主义发展虽然遭遇严重挫折，但仍然表现出顽强的生命力。中国特色社会主义昂首迈进新时代，在世界上高高举起了中国特色社会主义伟大旗帜，已经显示出社会主义的旺盛生命力和光明前景，重铸了世界人民对马克思主义和科学社会主义的信心。

"万物并育而不相害，道并行而不相悖。"构建人类命运共同体，需要世界各国人民的普遍参与。应该凝聚不同民族、不同信仰、不同文化、不同地域人民的共识，共襄构建人类命运共同体的伟业，努力建设一个远离恐惧、普遍安全的世界；一个远离贫困、共同繁荣的世界；一个远离封闭、开放包容的世界；一个山清水秀、清洁美丽的世界。我们不仅要实现中华民族伟大复兴的中国梦，而且一定会实现"天下大同"的世界梦！历史已经证明并将继续证明，马克思世界历史理论是科学真理！

载于《求是》2019年第3期

全球性问题呼唤构建人类命运共同体

王义桅

中国人民大学习近平新时代中国特色社会主义思想研究院副院长、国际关系学院教授

重大传染性疾病是全人类的敌人。正在全球蔓延的新冠肺炎疫情，给人民生命安全和身体健康带来巨大威胁，给全球公共卫生安全带来巨大挑战，还对全球经济、金融、政治产生巨大负面影响。在这种背景下，习近平主席出席二十国集团领导人应对新冠肺炎特别峰会并发表重要讲话，强调"国际社会最需要的是坚定信心、齐心协力、团结应对，全面加强国际合作"，提出"坚决打好新冠肺炎疫情防控全球阻击战""有效开展国际联防联控""积极支持国际组织发挥作用""加强国际宏观经济政策协调"四点倡议，[①] 为全球凝聚起战胜疫情强大合力、携手赢得这场人类同重大传染性疾病的斗争，给出了中国方案。

法国经济和财政部长勒梅尔此前称，新冠肺炎疫情将是"全球化游戏规则改变者"。其实，在疫情影响下，不只是全球化的规则正在改变，全球化的内容也正在改变。具体来看，疫情在以下三个方面给予了我们启示：

第一，全球化正在进入人的全球化阶段。人们所熟知的资本的全

[①] 《习近平在二十国集团领导人特别峰会上的重要讲话（全文）》，http://www.qstheory.cn/yaowen/2020-03/27/c_1125774011.htm。

球化，即资本驱动的全球化，追求的是利润最大化；而人的全球化是所有人的全球化，追求的是人的身体健康与生命安全。资本的全球化是有边界、关税等一系列概念的，是世界上部分人群所关注的；而人的全球化则更多体现为地球村的概念，是全世界所有人都需要关注的。疫情正在全球蔓延，没有哪一个人或者哪一个国家能够独善其身，这是全人类与病毒之间的战争。疫情背景下世界各国的关系，也不再是"你与我"的关系或者国与国之间博弈的关系，而是人类与病毒的关系，只有共同战胜疫情，人类才能安全，更加凸显了人类是一个休戚与共的命运共同体。正如习近平主席在二十国集团领导人特别峰会上所指出的："病毒无国界。疫情是我们的共同敌人。各国必须携手拉起最严密的联防联控网络。"①

第二，在全球性危机面前需更多关注那些应对能力相对较弱的国家。对于有效防控疫情来说，应对能力相对较弱的国家或者较为薄弱的环节，决定了人类战胜病毒的进程。如同木桶装水，最短的那块木板决定了木桶盛水量的多少。在应对疫情的进程中，发达国家的援助会起到至关重要的作用。有观点认为，发达国家在采取行动自救的同时，也应向脆弱国家和新兴市场国家投入更多的公共卫生资源和经济方面的关注，因为这些国家所受冲击更具破坏性、灾难性、持久性。正因如此，近日，世界银行和国际货币基金组织发表联合声明，号召二十国集团采取行动为最贫穷国家提供债务减免，以帮助这些国家应对新冠肺炎疫情。对此，习近平主席在此次发言中强调，"要携手帮助公共卫生体系薄弱的发展中国家提高应对能力""要保护妇女儿童，保护老年人、残疾人等弱势群体，保障人民基本生活。"②

---

① 《习近平在二十国集团领导人特别峰会上的重要讲话(全文)》，http://www.qstheory.cn/yaowen/2020-03/27/c_1125774011.htm。

② 同①。

第三，应对全球性挑战需要全球性协调。当前，世界既面临全球公共卫生危机，又面临世界经济陷入衰退的巨大风险，不少国家已经出现了社会与就业危机。对此，习近平主席呼吁二十国集团成员"采取共同举措，减免关税、取消壁垒、畅通贸易"①。具体来看，需实施有力有效的财政和货币政策，促进各国货币汇率基本稳定；加强金融监管协调，维护全球金融市场稳定；共同维护全球产业链供应链稳定，加大力度向国际市场供应医药原料、生活必需品、防疫物资等产品，以此提振世界经济复苏士气。

在此次疫情给我们的诸多启示中，认识到人的全球化正在形成，尤为重要。在疫情防控的背景下，人的全球化有其内在逻辑：

——我健康，你才健康；你安全，我才安全。中国秉持人类命运共同体理念，既对本国人民生命安全和身体健康负责，也对全球公共卫生事业尽责。

——世界安全，中国才安全；中国安全，世界更安全。新冠肺炎疫情发生后，中国第一时间向全球分享病毒全基因序列信息，同有关国家分享防疫和救治经验，加强抗病毒药物及疫苗研发国际合作，向其他出现疫情扩散的国家和地区提供力所能及的援助。据2020年3月31日的外交部例行记者会的消息，中国政府已向120个国家和4个国际组织提供了包括普通医用口罩、N95口罩、防护服、核酸检测试剂、呼吸机等在内的物资援助。

——国际合作不是选择而是必然。面对疫情，国际社会最需要的是坚定信心、齐心协力、团结应对，全面加强国际合作，凝聚起战胜疫情的强大合力。

---

① 《习近平在二十国集团领导人特别峰会上的重要讲话（全文）》，http://www.qstheory.cn/yaowen/2020-03/27/c_1125774011.htm。

需要看到的是，长期以来，我们对人的关注不够，认为人只是劳动力、旅游者等"生产—消费"因素而已。面对人的全球化，我们需探索建立以人为单元的全球秩序，而这应基于以人为中心的国家治理理念。全球公共卫生治理也不能只思考谁来治理、治理什么、如何治理等问题，更要思考为谁治理、靠谁治理等问题。我国坚持以人民为中心的发展思想，同时在国际上推动构建人类命运共同体，这是极为重要的中国方案，充分体现了中国智慧。

总之，人的全球化进程，呼唤构建人类命运共同体。正如习近平主席在与联合国秘书长古特雷斯通话时所说的："新冠肺炎疫情的发生再次表明，人类是一个休戚与共的命运共同体。在经济全球化时代，这样的重大突发事件不会是最后一次，各种传统安全和非传统安全问题还会不断带来新的考验。国际社会必须树立人类命运共同体意识，守望相助，携手应对风险挑战，共建美好地球家园。"[①]

载于《经济日报》2020年4月14日，第11版

[①]《习近平同联合国秘书长古特雷斯通电话》，载《人民日报》，2020年3月13日，第1版。

中国传统"和合"理念与构建人类命运共同体

严文波

江西师范大学苏区振兴研究院副院长、教授(校聘)

党的十八大以来,习近平总书记着眼于人类历史发展潮流大势,总结中国自身发展的历史经验和文化传承,多次强调要积极推动构建人类命运共同体,促进全球治理体系变革,为世界和平与发展贡献中国智慧。自古以来,中华民族爱好和平,始终崇尚和谐和睦、友好合作。"和合"理念作为中华优秀传统文化的一个重要标识,富有极其深刻的哲学思辨与中国智慧,体现了中华民族的价值追求与民族性格,是新时代推动构建人类命运共同体的重要思想基础与价值支撑。

一、人类命运共同体内部人与人之间的和谐,需要依靠"和而不同"的思想共识

从本质上说,人与人之间的和谐相处是一种平等自主、相互尊重的良性关系。个人作为人类命运共同体的最小组成元素,在整个人类命运共同体运作的过程中起着最基础性的作用。自然地理条件的不同、社会历史环境的差异以及语言风俗习惯的差别等等,带来了各地区、各民族之间文化信仰上的差别,孕育了民族文化的多样性,也导致人与人之间的交往行为方式、实践认识活动以及思维方式的不同。

怎样实现人与人之间的和谐相处，是构建人类命运共同体过程中需要解决的首要问题。

"和实生物，同则不继。"中国传统文化崇尚和合共生，主张和而不同。《礼记》云："乐者为同，礼者为异。同则相亲，异则相敬。"《论语》曰："君子和而不同，小人同而不和。""求同存异""和而不同"作为中国传统文化思想中处理人际关系的方法论，对于维持人与人之间的和谐交往具有独特的辩证智慧。一方面，和谐并不等于相同事物的简单叠加，其本身也包含着差异和对立，是多样性的有机统一。接受差异，是道德观念上的一种共识，也体现为人与人交往中的宽容与尊重。面对世界文化的多样性，应当以开放包容的态度正确理解差异、尊重区别，以消弭隔阂，促进人与人之间的和谐共处。另一方面，在尊重文化多样性的同时，也应当充分寻求不同文化之间的共性特征，既要以平等尊重的态度和兼收并蓄的方式进行文化交流与传播，用文化的同一性联结吸纳文化的差异性，也要搭建文化桥梁、摒弃文化偏见，在潜移默化中构筑基于文化理解与认同的新思维，在现实交往与文化传播中形成尊重包容、和睦共处的价值观。

"万物并育而不相害，道并行而不相悖。"习近平总书记在尊重文明多样性的基础上，以宽广的眼界和深刻的思索在更高层面上积极探索不同文明的相处之道。习近平总书记多次指出，要促进不同文明不同发展模式交流对话，在竞争比较中取长补短，在交流互鉴中共同发展，把"和合"的传统理念付诸彼此相处之道。"各美其美，美人之美，美美与共，天下大同"，是对不同文明差异性和平等性的生动诠释，也是实现不同文明之间友好往来的必要条件。只有在相互尊重和信任的基础上，通过文明对话的形式，各国人民彼此交流借鉴、取长补短，弥合文化差异产生的理念分歧，才能推动实现人类命运共同体内部人与人之间的真正和谐。

二、人类命运共同体内部人与自然之间的和谐，需要依赖"天人合一"的绿色情怀

2017年1月18日，习近平主席在日内瓦出席"共商共筑人类命运共同体"高级别会议发表主旨演讲时指出："我们应该遵循天人合一、道法自然的理念，寻求永续发展之路。"①"天人合一"思想作为"和合"理念的重要组成部分，在中华优秀传统文化中具有独特内涵与意义。从人与自然和谐统一的角度看，"天人合一"强调人与自然是一个相互影响、相互作用的统一体。中国传统文化思想提倡"赞天地化育""天地万物为一体"，遵循"道法自然""天地与我并生，万物与我为一"，认为人与自然万物皆为同源，天道的自然是人道的根基，是人与自然和谐共生的必然要求。人与自然之间应当是一种相互统一的和谐关系，人作为实践主体具有主观能动性，但主观能动性的发挥理应建立在现实的客观存在之上，并且主观能动性的发挥要充分尊重客观现实和规律。"天人合一"思想不仅是传统中国智慧对于主客体关系的深刻思考，也孕育了中华民族尊重自然、顺应自然、保护自然的文化传统和绿色情怀，为构建人类命运共同体过程中实现人与自然之间的和谐相处提供了基础理念。

面对全球性的生态危机和环境问题，人类只有回归自然，才能走出困境。人类的生存发展离不开完备健康的生态空间，也离不开以自然资源为主体的物质资料，人类命运共同体的构建需要人与自然的协

---

① 《共同构建人类命运共同体》，http://www.qstheory.cn/dukan/qs/2021-01/01/c_1126935865.htm。

调合作、和谐共生。无论是发达国家，抑或是发展中国家，都需要主动承担生态环境建设的责任，积极应对全人类共同的生存危机。"天人合一"这一传统中国智慧无疑为全球生态环境建设提供了更好范式。全球生态环境建设需要实现生产发展、生活富裕、生态良好三者的高度统一，生产发展是实现生活富裕的条件，生活富裕是实现生产发展的目的，而良好的生态环境则是实现生产发展和生活富裕所必须依赖的前提和必须坚持的保障，是从根本上实现人与自然和谐共生的基础。"天人合一"所强调的正是人与自然有机共生的绿色发展理念，这不仅是基于对自然规律更深层次的把握，更是人类实现永续发展的追求和理想，体现了人与自然关系的深化与融合。以自然之道去寻求人与自然的和谐共生关系，是中国"和合"智慧为全球生态治理提供的新方案。

立足于全球背景，习近平生态文明思想以实现人与自然和谐共生为鲜明主题，坚持绿色发展，把握生产方式、生活方式、思维方式和价值观念的全方位、革命性变革；坚持共谋全球生态文明之路，主动承担与我国国情、发展阶段和能力相适应的环境治理义务，推动构建地球生命共同体。[①] 习近平总书记指出，中国将继续承担应尽的国际义务，同世界各国深入开展生态文明领域的交流合作，推动成果分享，携手共建生态良好的地球美好家园。当前，只有世界各国自觉树立起"生态兴则文明兴，生态衰则文明衰"的绿色生态观，积极推行生态环境变革、建立严格长效的生态环境保护制度，充分尊重自然、顺应自然、保护自然，形成绿色发展方式和生活方式，人类命运共同体的可持续发展才会成为可能，一个清洁美丽的世界才能成为现实。

[①] 《深入学习贯彻习近平生态文明思想》，载《人民日报》，2022年8月18月，第10版。

三、人类命运共同体内部不同社会之间的和谐，需要秉承"合作共赢"的价值追求

当今世界，人类处在挑战层出不穷、风险日益增多的时代。贸易保护、资源封锁等有碍世界经济合作的"逆全球化"现象不断出现。习近平主席在会见博鳌亚洲论坛现任和候任理事时指出："世界大同，和合共生，这些都是中国几千年文明一直秉持的理念。不能独善其身，而应该兼济天下。"① 面对全球化困境与安全威胁，中华优秀传统文化中的"和合"理念，为解决今天的一系列矛盾和问题提供了一种新思路。《周易》的"保合太和，乃利贞。首出庶物，万国咸宁"，强调要达到"太和"境界，赋予作为天下之大道的"和"以普遍的必然性与规律性；《中庸》的"和也者，天下之达道也"，把"和"作为通达天下之"道"；《论语》的"四海之内，皆兄弟"则蕴含着睦邻友好、守望相助的美好期许。人类是休戚与共、风雨同舟的命运共同体，战胜危机的人间正道唯有互相支持、团结合作。协调不同国家之间的关系，必须秉承"协和万邦""和衷共济"的价值理念。坚持对话协商，构建对话不对抗、结伴不结盟的伙伴关系，才能建设一个持久和平的世界；秉持"合作共赢"思想，坚持构建开放型世界经济，引导经济全球化健康发展，才能建设一个共同繁荣的世界；秉持"共建共享"观念，树立共同、综合、合作、可持续的新安全观，才能建设一个普遍安全的世界。更加包容的全球治理、更加有效的多边机制、更加积极的区域合作，需要的是和平而不是战争，合作而不是对抗，共赢而不是"零和"，这才是人类社会和平、进步、发展的永恒主题。

---

① 《习近平：世界大同，和合共生》，http://china.cnr.cn/gdgg/20180411/t20180411_524195173.shtml。

为推动建立以合作共赢为核心的新型国际关系，构筑持久和平、普遍安全、共同繁荣、开放包容、清洁美丽的世界，习近平总书记创造性地提出共建"一带一路"重要倡议。共建"一带一路"作为构建人类命运共同体的重要实践平台和助力引擎，充分彰显了中华民族"尚和合、求大同"的传统文化理念，是中国理念对世界的贡献，目的是推动世界经济朝着更加开放、包容、普惠、平衡、共赢的方向发展。正如习近平主席2020年6月18日在给"一带一路"国际合作高级别视频会议的书面致辞中所指出的："我们愿同合作伙伴一道，把'一带一路'打造成团结应对挑战的合作之路、维护人民健康安全的健康之路、促进经济社会恢复的复苏之路、释放发展潜力的增长之路。通过高质量共建'一带一路'，携手推动构建人类命运共同体。"[①] "计利当计天下利。""一带一路"倡议顺应各国要求加快发展的愿望，秉承"合作共赢"的价值追求，实现各国战略对接、优势互补，用实实在在的行动体现了人类命运共同体的精神实质，为人类命运共同体的实现提供了独具中国智慧的全新范式，必将有力推动不同社会之间和谐共处的最终实现。

总之，构建人类命运共同体深刻体现了中国将自身发展同世界发展相统一的全球视野、世界胸怀和大国担当。作为中华优秀传统文化的精髓，"和合"理念强调在践行人类命运共同体的过程中，充分实现人与人、人与自然，以及不同社会之间的和谐共生，这一理念为新时代推动构建人类命运共同体提供了重要理论支撑，为解决人类共同面临的重大问题贡献了中国智慧和中国方案。

载于《红旗文稿》2020年第16期

[①] 《习近平向"一带一路"国际合作高级别视频会议发表书面致辞》，载《人民日报》，2020年6月19日，第1版。

在世界动荡变革期推动
构建人类命运共同体

颜晓峰

天津大学马克思主义学院院长、
天津市中国特色社会主义理论体系研究中心研究员

推动构建人类命运共同体,是新时代中国共产党为人类进步事业而奋斗的重大纲领,是中国人民同各国人民一道共同创造人类美好未来的当代实践,是习近平新时代中国特色社会主义思想的一条基本方略。新冠肺炎疫情全球大流行以来,世界进入动荡变革期,出现前所未有的深刻复杂变化,"世界怎么了、我们怎么办"成为时代之问。习近平总书记依据科学的历史观、大局观、角色观,正确分析了当前以至后疫情时代的历史大势、国际大局和中国角色,指明了人类社会加强团结、推进合作、共克时艰、开创未来的前进方向,表明了面对世界动荡变革期,坚定不移促进世界和平与发展的中国理念、中国主张,拓展和深化了坚持推动构建人类命运共同体的思想和实践。

一、世界大变局加速演进改变不了构建人类命运共同体的前进步伐

构建人类命运共同体建立在准确把握当今世界的历史潮流,深入思考21世纪世界和平与发展的重大课题,坚持遵循全人类共同价值

的基础上。构建人类命运共同体，站在历史正确的一边，得到了联合国和世界许多国家的认可和支持，是影响世界百年未有之大变局的积极力量。构建人类命运共同体不是在岁月静好、一帆风顺的条件下推动的，而是在应对挑战、战胜危机的斗争中前行的。2020年以来，突如其来的新冠肺炎疫情对中国和世界的发展带来很大冲击，不仅成为我国实现"两个一百年"奋斗目标进程中的重大挑战，而且成为推动构建人类命运共同体的重大考验。在全球共同抗击疫情、共渡难关的过程中，在世界合作应对动荡变革期的碰撞磨合中，越发显出人类社会风雨与共、同舟共济的重要性，越发显出世界各国形成共识、坚定方向的必要性。

新冠肺炎疫情是人类社会百年来经历的最严重的传染病大流行，超过百万人在这场灾难中失去生命。在疫情面前，全人类更加感受到存亡与共、生命相依，团结合作是最有力武器。新冠肺炎疫情以一种特殊的形式告诫世人，人类是共同面对危机的命运共同体，重大危机面前没有任何一个国家可以超然物外、置身事外，各个国家、民族、地区只有团结互助、合作抗疫，才能转危为安、战胜灾难。习近平总书记在全国抗击新冠肺炎疫情表彰大会上的讲话中指出："抗疫斗争伟大实践再次证明，构建人类命运共同体所具有的广泛感召力，是应对人类共同挑战、建设更加繁荣美好世界的人间正道。"① 只要国际社会秉承人类命运共同体共识，团结一心、科学防治，病毒传播可以控制，疫情影响能够克服。一些国家将疫情政治化、污名化，搞"甩锅"、推责，干扰的是全球合作抗疫大局，破坏的是人类命运共同体构建。中国积极推进疫情防控国际合作，推动以团结取代分歧，以理

---

① 《习近平：在全国抗击新冠肺炎疫情表彰大会上的讲话》，http://www.qstheory.cn/qshyjx/2020-09/08/c_1126468086.htm。

性消除偏见，扫除"政治病毒"，凝聚起各国携手抗疫的最大合力，以有力的事实展现了中国担当，实现了共建人类美好家园的庄重承诺。

新冠肺炎疫情大流行之后，全球产业链、供应链遭受冲击，国际贸易和投资急剧萎缩，人员、货物流动严重受阻，社会民生遭遇重创，世界经济正在经历20世纪30年代大萧条以来最严重的衰退。与此同时，民粹主义、排外主义抬头，单边主义、保护主义、霸凌行径上升，经济全球化遭遇逆流。一些人和国家利用疫情搞"去全球化"，鼓吹所谓"经济脱钩""平行体系"，加剧了世界经济中的风险和不确定性。经济全球化是构建人类命运共同体的经济纽带，"去全球化"的逆流阻挡不住构建人类命运共同体的大趋势。2020年11月19日，习近平主席在亚太经合组织工商领导人对话会上的主旨演讲中高瞻远瞩地指出，人类命运休戚与共，各国利益紧密相连，世界是不可分割的命运共同体。无论是赢得全球抗疫最终胜利，还是推动世界经济复苏，国际社会必须团结协作，共同应对危机考验。中国早已同世界经济和国际体系深度融合，将更加积极地融入全球市场，更加主动地深化对外合作，为世界经济复苏发展创造更多机遇和空间。

新冠肺炎疫情加速了国际格局调整，世界进入动荡变革期。治理赤字、信任赤字、发展赤字、和平赤字仍在扩大，国际社会正在经历多边和单边、开放和封闭、合作和对抗的重大考验。有的国家无视规则和法治，大搞单边霸凌、"退群毁约"，加剧纷争对抗，这不仅违背世界人民普遍愿望，也是对各国正当权利和尊严的践踏。世界进入动荡变革期，合作应对挑战是国际社会唯一选择。无论是赢得全球抗疫最终胜利，还是推动世界经济复苏，国际社会必须团结协作，共同应对危机考验。2020年9月23日，习近平主席在北京以视频方式会见联合国秘书长古特雷斯,并在谈话中呼吁,要超越国家、民族、文化、意识形态界限,站在全人类高度,推动构建人类命运共同体,共同建设好我们赖以生存的地球家园。疫情防控以来,中国秉承"天下一家"的理念,不仅对中国人民生命安全和身体健康负责,也对全球公共卫生事业尽责,我们发起了新中国成立以来援助时间最集中、涉及范围最广的紧急人道主义行动,为全球疫情防控注入动力,充分展示了讲信义、重情义、扬正义、守道义的大国形象,生动诠释了为世界谋大同、推动构建人类命运共同体的大国担当。

二、在世界动荡变革期推动构建人类命运共同体深入发展

时代在发展,思想在深化。继构建人类命运共同体理念提出后,世界形势和国际关系也在发生新的变化,人类向何处去、怎样走向未来的问题,以更加复杂和尖锐的形式提了出来。习近平总书记站在时代高度、洞察历史大势、关切人类命运,进一步坚定推动构建人类命运共同体、让世界更加美好的信心和信念,并且依据时代演进的新特征新要求,提出了许多更为深入、富于创意的战略构想,进一步丰富和发展了构建人类命运共同体的理念,成为习近平新时代中国特色社会主义思想的最新成果,为积极推动中国特色大国外交提供了指导方针,为人类社会共创美好未来指明了实践路径。

构建卫生健康共同体,在人类命运与共的基础上携手前行。新冠肺炎疫情全球大流行,促使各国人民深切地认识到,人类安全首先是人类生命安全。在重大传染性疾病面前,生命和健康应是被人类置于第一位的共同利益,维护生命安全和人类健康,就是在建设人类命运共同体。面对疫情全球蔓延的严峻形势,习近平总书记及时呼吁构建

卫生健康共同体，加强各国联防联控，维护地区和全球公共卫生安全，把团结合作作为抗击疫情最有力的武器。构建卫生健康共同体，中国身体力行。为支持各国抗击疫情，中国人民毫无保留同各方分享经验，尽己所能为国际社会提供援助，截至 2020 年 10 月 20 日，已向 150 个国家和 7 个国际组织提供抗疫援助，出口口罩 1790 多亿只、防护服 17.3 亿件、检测试剂盒 5.43 亿人份，展现了中国担当。疫苗对人类战胜疫情至关重要，中方已经加入"全球新冠肺炎疫苗实施计划"，支持各国保护人民生命安全和身体健康。

构建安全共同体，合力应对各类威胁和挑战。习近平总书记在中央政治局第二十六次集体学习时，就贯彻总体国家安全观提出要求，其中包括坚持推进国际共同安全，高举合作、创新、法治、共赢的旗帜，推动树立共同、综合、合作、可持续的全球安全观，加强国际安全合作，完善全球安全治理体系，共同构建普遍安全的人类命运共同体。安全是人类的普遍需求，是国家发展的前提条件。人类命运相关，共同的灾难和危机，无论是气候变暖还是环境污染，无论是核泄漏还是恐怖主义，都对人类安全造成共同威胁。只有形成安全共同体，才能建设人类命运共同体。即使当今世界还存在着武装冲突、边境纠纷、地区差距，有的国家之间还处于敌对状态，但人类生长于同一个地球家园，构建安全共同体是大局大势。中国坚定支持各国维护政治安全和社会稳定，坚决反对外部势力以任何借口干涉他国内政，坚持通过对话和协商化解矛盾和分歧，重视维护生物安全、数据安全、外空安全等新领域安全。

构建发展共同体，以合作共赢夯实人类命运共同体。发展是人类的永恒主题，共同发展是构建人类命运共同体的根本。发展鸿沟、利益矛盾、贫富对立往往是国际冲突的根源，当今世界各国在发展速度、水平、质量、效果方面的差距依然存在并且在某些方面还在扩大，5G、大数据技术等将国家发展置于新的不同平台上，甚至制造出更深的发展鸿沟。各国只有深化务实合作，拓展务实合作空间，加强互联互通，促进产业链、供应链、价值链深度融合，畅通区域经济循环，才能逐步缩小发展差距。正如习近平主席在上合组织发言中强调的："大家一起发展才是真发展，可持续发展才是好发展。"[①] 如果不能一起发展、不能可持续发展，一国的发展困境、发展陷阱、发展低谷，也会从不同途径扩散到世界，转移到其他国家，转化为世界的发展难题，并且使得世界性的发展差距越来越大，增加构建人类命运共同体的困难和障碍。中国为各国企业营造开放、公平、非歧视的营商环境，为各国开展创新合作搭建平台，以发展成就及其共享推动构建发展共同体。

构建人文共同体，从文明互学互鉴到各国睦邻友好。人类属于不同民族，生活于不同文明，但不同民族又同属人类社会，不同文明又同为人类文明，人类文化具有相通性和共同性。人类命运共同体不仅健康与共、安全与共、发展与共，而且人文与共、人心相通、文化相融，构建人文共同体是推动构建人类命运共同体的文化基础和文明纽带。不同文明没有高下、优劣之分，只有特色、地域之别，各种文明应该平等相待、对话交流、兼收并蓄、和而不同、开放包容，人类历史就是不同文明相互交流、互鉴、融合的历史过程。和平、发展、公平、正义、民主、自由，是全人类的共同价值，也是人文共同体的价值共识。文化不仅是一个国家、一个民族发展中更基本、更深沉、更持久的力量，而且也是构建人类命运共同体更基本、更深沉、更持久

[①] 《习近平：大家一起发展才是真发展，可持续发展才是好发展》，http://www.gov.cn/xinwen/2020-11/10/content_5560307.htm。

的力量。构建人文共同体，就要求同存异，不攻击、不贬损其他文明，不能企图以自己的文明取代其他的文明。强调构建人文共同体，进一步强化了构建人类命运共同体的文化基石。

三、坚定前行携手共建人类命运共同体

2020年作为历史上极不平凡的一年已经过去。进入2021年的世界，疫情变化和外部环境仍存在诸多不确定性，世界经济形势仍然复杂严峻，疫情冲击导致的各类衍生风险不容忽视。2020年12月16日至18日举行的中央经济工作会议明确提出，要增强忧患意识，坚定必胜信心，严密防范各种风险挑战，继续高举多边主义旗帜，积极参与全球治理改革完善，推动构建人类命运共同体。

乘势而上开启全面建设社会主义现代化国家新征程，向第二个百年奋斗目标进军，是中国共产党新的伟大使命，是中华民族伟大复兴的新发展阶段。全面建成社会主义现代化强国，不仅需要披荆斩棘、开路架桥，为实现伟大梦想创造良好国内环境，而且需要坚持走和平发展道路，构建相互尊重、公平正义、合作共赢的新型国际关系，维护国家主权、安全和发展利益，为民族复兴营造良好国际环境。推动构建人类命运共同体，是统筹中华民族伟大复兴战略全局和世界百年未有之大变局的重大方略，既是为世界谋大同的中国方案，也是为民族谋复兴的国际经略。全面建设社会主义现代化国家，必须同步推进构建人类命运共同体，让新发展阶段的中国成就推动世界和平与发展事业，让世界更多的国家和人民认同并支持中国的社会主义现代化建设。面向未来，和平发展、合作共赢才是人间正道，任何单边主义、保护主义、极端利己主义，任何讹诈、封锁、极限施压的方式，任何我行我素、唯我独尊的行径，任何搞霸权、霸道、霸凌的行径，都是根本行不通的，最终必然是死路一条。

随着我国发展阶段、环境、条件的变化，加之新冠肺炎疫情和国际关系变化的影响，推动形成以国内大循环为主体、国内国际双循环相互促进的新发展格局势在必行。习近平主席在第三届中国国际进口博览会开幕式上发表主旨演讲向世界宣告，双循坏决不是封闭的国内循环，而是更加开放的国内国际双循环，不仅是中国自身发展需要，而且将更好造福各国人民。这就表明新发展格局与推动构建人类命运共同体并行不悖，更加开放的国内国际双循环更加需要、更加有利于构建人类命运共同体。以国内大循环为主体，是要通过发挥内需潜力，使内市场和国际市场更好联通，以国内大循环吸引全球资源要素，更好争取开放发展中的战略主动。我们绝不会走历史回头路，我国开放的大门不会关闭，只会越开越大。

"一带一路"是我国推动构建人类命运共同体的重大实践和重要路径。我国将继续高举开放合作大旗，坚持多边主义和共商共建共享原则，推进同各国、各地区发展战略和互联互通规划对接，不断深化基础设施建设、产业、经贸、科技创新、公共卫生、人文等领域务实合作，把"一带一路"打造成合作之路、健康之路、复苏之路、增长之路。处于动荡变革期的世界，各国人民对美好生活的向往更加强烈。面对共同的挑战，各国应该携手共建人类命运共同体，造福世界各国人民。

载于《红旗文稿》2021年第1期

第二篇 人类命运共同体——内涵与解读

不断增强人类命运共同体意识
——理清多层治理机制关系

叶险明

内蒙古大学马克思主义学院教授

当代全球化提出的挑战和当代全球治理的制度困境呼唤新的全球治理理念。这种新的全球治理理念就是人类命运共同体意识,即对"人类以相互包容为基础的共生共存共赢共享共担当共发展的可持续性趋势"的意识。但这种意识是复杂的,不明确这一点,人类命运共同体意识就会被简单化,新的全球治理理念就构建不起来。

在马克思看来,"人的特质"由三个相互联系的环节构成:"人的类生活的对象化",人本身是社会关系的产物并作为社会物而存在,以及人与人之间关系具有基于一定道德行为准则的相互依赖性和合作性。人类命运共同体意识的形成,就是根植于"人的特质"一定程度的发展,但其形成的过程及其曲折性与复杂性却并非由"人的特质"本身单独决定,而是由"人的特质"与"人的存在"关系的复杂性决定。否则,我们就无法解释,产生历史不长的人类命运共同体意识,在其显示出一定的"世界历史性"成效的同时,也遭遇到巨大的危机和挑战。在对待这个问题上,盲目的乐观主义和悲观主义都是不可取的。"人的特质"不是抽象的想象,故必然要通过"人的存在"表现出来,"人的存在"却是十分复杂的,其中既有与"人的特质"相应的存在形态,也有与"人的特质"相悖的存在形态,且错综交叉，这就使得"人的特质"呈现出异常复杂的状态，从而也使人类命运共同体意识具有了复杂性。

就其与全球治理机制的关系而言，人类命运共同体意识的复杂性主要是通过其层级性表现出来。人类命运共同体意识大体有三个层级。

第一层级上的人类命运共同体意识，是精神文化层级上的人类命运共同体意识，直接体现在介入全球治理机制中的各种行为体的观念、信仰、意志、情感、习惯中，并依托媒介、文字和口语交流、情感交流等形式直接表现出来。毫无疑问，人类命运共同体意识存在于各个行为体（包括个人）的精神文化中，具有精神文化层面的统一性。然而，因语言、传统、信仰、基本制度、政治意识形态和所面临的具体问题的不同，不同的行为体不仅对这一层级上的人类命运共同体意识有不同的表述，而且对同一表述的人类命运共同体意识也有着不同的认知或感悟。"不同的表述"特别是"不同的理解或感悟"，就构成了第一层级的人类命运共同体意识的复杂性。

第二层级上的人类命运共同体意识，是全球治理机制层级上的人类命运共同体意识，其存在形态就是各行为体具体制定和实施各类全球治理机制规则的动机、态度、主张、步骤等，直接体现在具体制定和实施各类全球治理机制规则的过程中，如在全球经济和贸易的各种规则的制定和实施过程中，在共同应对金融危机计划的制定和实施过程中，在生态环境恶化的相关协议的制定和实施过程中，在打击国际恐怖主义（包括网络恐怖主义等）、有组织的国际犯罪的联合协作的制定和实施过程中，在关于世界和平协定的制定和实施过程中……这一层级上的人类命运共同体意识，与作为精神文化的人类命运共同体意识是有区别的。具体说来，当精神文化层级上的人类命运共同体意识，转化为各行为体具体制定和实施各类全球治理机制规则的动机、态度、主张、步骤等时，人类命运共同体意识也就具有了"外观"。这里所说的"外观"，就是指人类命运共同体意识具有了行为的外观，即变得"实实在在"——"看得见，摸得着"。例如，在具体制定和实施各类全球治理机制规则的过程中，不同的行为体在对人类命运共同体意识的认识和理解方面的统一与对立，会从他们相关的动机、态度、主张、步骤等直接体现出来，这也是第二层级上的人类命运共同体意识所具有的复杂性之一。此外，在具体制定和实施各类全球治理机制规则的过程中，人类命运共同体意识作用的程度也是不平衡的，有强弱高低之分，这是第二层级上的人类命运共同体意识所具有的复杂性之二。人类命运共同体意识的这种复杂性，在一定程度上决定了制定和实施的各类全球治理机制规则的合理性。

第三层级上的人类命运共同体意识，是指在全球治理机制同地区或区域治理机制及民族国家治理机制之间关系这一层级上的人类命运共同体意识。全球治理机制要发挥其应有的作用，还必须与地区或区域治理机制和民族国家治理机制处在一种良性的互动关系中。一般说来，全球治理机制、区域治理机制和民族国家治理机制各自考量的侧重点有所不同：全球治理机制的议程和规则是根据全球的整体状况来设置与制定的，它往往舍去区域和民族国家的一些特殊状况；区域治理机制的议程和规则是根据本区域的传统和现状来设置与制定的，它主要顾及区域的特点；民族国家治理机制的议程和规则是从本国的传统和现状出发来设置与制定的，它主要顾及一国的特点。应当承认，区域治理机制、民族国家治理机制有其不同于全球治理机制的特点是合理的，因为，世界上每个区域和民族国家的传统与所面临的问题是有差异的。客观地说，这种差异既有推动全球治理机制发挥其作用的一面，也有阻碍全球治理机制发挥其作用的一面。是推动还是阻碍？这取决于这三种治理机制能否协调。这里所说的"协调"包含着两个相互联系的方面：对于全球治理机制来说，在考量全球整体状况的同时，应在议程设置与规则制定方面适当观照世界各地区和国家的传统和状况，以使其有助于推动各自面临问题的解决；对于区域治理机制和民族国家治理机制来说，在追求本区域和本国利益的同时兼顾对他国的合理关切，在谋求本区域和本国发展中努力促进世界各个区域和国家共同发展，从而达到与全球治理机制的基本目标相契合。这三种治理机制的良性互动关系就是由此形成的。

那么，如何实现这种协调呢？笔者以为，这需要多种条件，但其中一个关键性的前提条件就是不断增强人类命运共同体意识在这三种治理机制关系层面上的确立和贯彻的程度。这既有助于全球治理机制深入世界各个区域和各个国家的内部，更多地观照区域治理机制和民族国家治理机制的特点；也有助于克服或弱化区域治理机制、民族国家治理机制与全球治理机制的基本目标相悖的倾向，推动它们与全球治理机制的良性互动关系的发展。当然，这三者间良性的互动关系也必然会反过来进一步促进人类命运共同体意识在它们各自内部的确立和贯彻。正是在这种良性的互动关系中，全球治理机制、区域治理机制和民族国家治理机制才能实现其各自的健康、顺利发展。

要言之，我们只有全面、正确地认识和把握人类命运共同体意识的上述三个层级及其相互关系，确立新的全球治理理念，并在全球治理的实践中将其加以不断贯彻，才能持续推动构建人类命运共同体，携手建设更加美好的世界。

载于《中国社会科学报》2017年12月29日，第6版

人类命运共同体的伦理向度

贺 来

吉林大学哲学社会学院教授

新冠肺炎疫情在全球持续蔓延，对全球经济社会发展产生了深远影响。正如习近平总书记多次强调的，团结合作是国际社会战胜疫情最有力武器。从哲学和伦理学角度反思，新冠肺炎疫情这一全球性风险，迫切呼唤我们形成人类命运共同体的伦理自觉。

从20世纪50年代开始，不少学者提出风险社会理论，认为气候变暖、环境恶化、核扩散以及恐怖主义、基因工程、生物技术等非传统安全威胁，已成为人类社会所面临的重大全球性风险。与所有全球性风险一样，新冠肺炎疫情突破了不同国家和种族的界限，把几乎所有人、所有民族和国家都裹挟进去，无差异地构成挑战。同时，与其他全球性风险不同，新冠肺炎疫情更具有与每个生命个体相关的"切己性"，新冠肺炎病毒如同一个看不见的敌人，触碰物品、呼吸空气，都成为可能的病毒传染方式，对人的生命健康构成直接威胁。可以说，新冠肺炎疫情以一种愈加切近每个生命个体的方式警醒人们：全球风险并非理论家书本中的概念，而已然成为与每个人息息相关的严峻现实。

面对新冠肺炎疫情这一突如其来的全球性风险，不同国家和地区动员各种资源，努力应对，取得了不同程度的进展，尤其中国在总体上已控制疫情，给人们以巨大信心，但一些国家和地区的反应和应对也存在诸多失误，付出了惨重代价，其中有着经济发展水平、科技能力、医疗卫生资源储备等各方面的复杂原因。特别值得注意的是，由于政治制度、文化传统、意识形态、价值观等方面的差异，个别国家不仅各自为战，而且指责他国、彼此猜忌、互不信任，这些现象在抗击疫情的过程中不时产生和凸显。这表明，人类缺乏与抗击新冠肺炎疫情这一巨大的全球性风险相适应和匹配的人类命运共同体的伦理自觉，而这无疑值得深刻反省。

新冠肺炎疫情以及其他一系列全球性风险，呼唤人们确立与之相适应的人类命运共同体的伦理意识，并内在地要求人类按照一个命运共同体来行动。即：第一，共同体成员应该分享着共同的利益和善；第二，共同体成员对共同利益和善有着自觉的认同；第三，在共同利益和善的规范下，能形成基本的伦理共识并协调共同体成员的行动。对照这些特征，今天要构建人类命运共同体的伦理意识，需要人们在诸多前提性的深层观念上作出重大的转变，如下三个方面尤其具有重要意义。

首先，面对全球性风险，我们必须克服把不同社会、民族、国家的利益和善与全人类整体的利益和善截然二分甚至对立起来的观念，而应该自觉地认识到二者的内在一致性，真正把全球团结视为重要的伦理价值。新冠肺炎疫情的全球蔓延，深刻说明所有人、所有社会和国家都面临着共同的敌人，对它的应对关系到全人类共同的命运，可以说，全人类共同的利益与各个国家的利益不可分割地关联在一起。在此意义上，对全人类利益的维护，同时也就是对各自国家利益的保卫。马克思曾立足人类现实的社会历史发展，提出了"自由人的联合体"这一高远的社会理想，深刻地表达了人类命运共同体的伦理精神。习近平总书记多次强调，病毒没有国界，疫情不分种族。任何国家都不能置身其外，独善其身。全人类只有共同努力，才能战而胜之。这是在新的历史条件下对人类命运共同体所应确立的伦理意识的进一步自觉表达，它要求我们在面临全球性风险时，必须以人类命运共同体的伦理意识去衡量和看待全球风险问题，确立全球团结的伦理价值。

其次，面对全球性风险，我们必须克服把"人的主体性"狭隘化的传统观念，要确立"人类主体"作为主体形态的共同体观念。近代以来，"主体性"成为哲学的重要观念，它构成了现代伦理观的重要思想基础。人们常理解的主体形态首先是"个人主体"，其次是"国家"和"民族"等"集体主体"，这些主体形态无疑有其独立而重大的意义，但与此相比，"人类"作为主体形态的地位却没有得到应有的重视。全球性风险的凸显，要求我们扩大和丰富对人的主体性形态的理解并自觉地意识到："人类主体"应该自觉地被把握为主体性的重要层面和样态，这是人类应对全球性风险、构建人类命运共同体的重要哲学前提。马克思曾经说，"人是类存在物……人把自身当作现有的、有生命的类来对待，因为人把自身当作普遍的因而也是自由的存在物来对待"，他把人的生命存在把握为类存在物，实际上已经蕴含着关于"人类主体"形态的自觉。马克思这一关于人的自我理解，为我们在面临全球性风险时，构建人类命运共同体提供了重要的伦理思想资源。

最后，面对全球性风险，我们必须克服把特殊的价值与全人类共同的价值割裂开来的思维方式，自觉地从马克思主义哲学的普遍与特殊的辩证关系出发，实现二者的求同存异、聚同化异。在经济全球化和世界历史时代，不同国家和民族在生活与历史发展中形成的价值观既有其特殊性和具体性，也体现和承载着人类的共同价值。习近平主席在莫斯科国际关系学院的演讲中指出:"这个世界,各国相互联系、相互依存的程度空前加深,人类生活在同一个地球村里,生活在历史和现实交汇的同一个时空里,越来越成为你中有我、我中有你的命运共同体。"① 在新的历史条件下,如果片面地把特殊价值与人类共同价值对立起来,我们就将无法真正形成人类命运共同体的伦理共识并给人类文明发展带来不幸的后果。面对如同新冠肺炎疫情这样的全球性风险,如何协调不同价值观之间的关系,凝聚价值共识,已变得十分迫切。如果承认"人类主体"作为独立的主体形态的地位,那就意味着,人类主体的各个成员由于对共同利益和共同命运的关切,应该分享并遵循共同的伦理规则和价值共识,只有在这种伦理规则和价值共识的示范引导下,才能有效应对种种全球性风险并保证全人类的安全。

载于《光明日报》2020年5月25日,第13版

---

① 《习近平在莫斯科国际关系学院的演讲(全文)》,新华社莫斯科2013年3月23日电。

构建人类命运共同体三题

汪信砚

武汉大学人文社科资深教授、哲学学院教授

构建人类命运共同体,是《习近平谈治国理政》第一至三卷反复强调和阐述的一个重要外交和全球治理理念,它是为了应对当代人类面临的共同挑战,维护和实现全人类的共同利益而提出的中国方案。同时,构建人类命运共同体,也是我国现代化建设的内在要求。党的十九届五中全会强调,要高举和平、发展、合作、共赢旗帜,积极营造良好外部环境,推动构建新型国际关系和人类命运共同体。而要在实践上推动构建人类命运共同体,首先必须在理论上明确何为人类命运共同体、为何要构建以及如何构建人类命运共同体等问题。

一、何为人类命运共同体

人类社会中的一切共同体都是由于某种能够把人们联系起来的纽带而形成的。例如,共同的地缘、共同的血缘、共同的文化和共同的利益,能够分别形成地缘共同体、血缘共同体、文化共同体和利益共同体。人类命运共同体属于一种利益共同体,但是,在这里作为能够把整个人类联系起来的共同利益,不是一般的利益,而是生死攸关、决定着人类命运和前途的重大利益或根本利益。人类命运共同体就是由共同的根本利益而促成的具有共同命运的人类共同体。

人类命运共同体之形成是以人类共同利益的形成为前提的，而后者又以人类作为现实主体的生成为根本条件。在社会分工和交往水平很低的以往，从根本上说，没有形成过人类的共同利益，有的只是各种不同的特殊利益，即相互区别甚至根本对立的个体利益和群体利益。今天，这种情况发生了本质变化。经济全球化的深入发展，促成了一个内在有机的全球社会，使得人类真正开始作为一个整体来生存、活动和发展，从而使人类共同利益的形成成为可能。

由经济全球化促成的人类共同利益主要有两个方面的规定性：

一是当代人类相互依存、休戚相关。马克思、恩格斯曾经指出："随着分工的发展也产生了单个人的利益或单个家庭的利益与所有相互交往的个人的共同利益之间的矛盾；而且这种共同利益不是仅仅作为一种'普遍的东西'存在于观念之中，而首先是作为彼此有了分工的个人之间的相互依存关系存在于现实之中。"这就是说，共同利益不过是彼此分工的人们之间的相互依存关系。经济全球化的最重要内容就是人们之间的全球分工和全球协作，它使得全球范围内的人们之间形成了"你中有我、我中有你"的紧密的相互依存关系。维护好这种全球性的相互依存关系，就是维护人类的共同利益。

二是当代人类面临共同挑战、安危与共。经济全球化在促成一个内在有机的全球性社会的同时，也引发了一系列全球性问题。习近平主席在联合国日内瓦总部的演讲中指出："人类也正处在一个挑战层出不穷、风险日益增多的时代。世界经济增长乏力，金融危机阴云不散，发展鸿沟日益突出，兵戎相见时有发生，冷战思维和强权政治阴魂不散，恐怖主义、难民危机、重大传染性疾病、气候变化等非传统安全威胁持续蔓延。"① 这些全球性问题对整个人类的生存和发展构成了严重威胁，使得当代人类社会成为一个全球风险共担的社会。不解决这些全球性问题，整个人类的生存和发展都难以为继。因此，破解各种全球性问题，就是维护人类的共同利益。

人类命运共同体就是以具有上述规定性的人类共同利益为纽带而形成的，它是人类相互依存和休戚相关、人类面临共同挑战和安危与共的利益共同体。正如习近平总书记所说，人类已经成为你中有我、我中有你的命运共同体。人类生活的关联前所未有，同时人类面临的全球性问题数量之多、规模之大、程度之深也前所未有。世界各国人民前途命运越来越紧密地联系在一起。

二、为何要构建人类命运共同体

习近平总书记在多次阐述当代人类已经成为一个"你中有我、我中有你"的命运共同体的客观事实的同时，也反复强调要"构建""建设""打造""共创""迈向"人类命运共同体。针对新冠肺炎疫情全球大流行，习近平总书记还指出，抗疫斗争伟大实践再次证明，构建人类命运共同体所具有的广泛感召力，是应对人类共同挑战、建设更加繁荣美好世界的人间正道。习近平总书记之所以特别强调要构建人类命运共同体，是有其深刻原因的。

第一，虽然当代人类已经成为一个"你中有我、我中有你"的命运共同体，但在这种人类命运共同体中，人们之间紧密的相互依存关系并不是一种平等互利的共赢关系。二战后，以联合国为代表的多边

---

① 《习近平主席在联合国日内瓦总部的演讲(全文)》，http://www.xinhuanet.com/world/2017-01/19/c_112034008.htm。

机制通过国际合作和集体安全来维护和平、发展国家间友好关系、促进社会进步、提高生活水平和保护人权。但也有个别国家单边主义、保护主义甚嚣尘上，民粹主义裹挟种族主义沉渣泛起，无视国际法和国际关系基本准则，肆意干涉别国内政、践踏他国主权，经常以大欺小、恃强凌弱、以富压贫，使得发展中国家特别是落后的弱小国家根本无法掌握自己的命运。随着世界政治经济形势的变化和全球治理结构合理化呼声的日益高涨，如何使全球发展的版图更加全面均衡，使世界和平的基础更为坚实稳固，已经成为国际社会的主流愿望。

第二，虽然当代人类已经成为一种安危与共的命运共同体，但在这种命运共同体中，各国在应对各种全球问题上的合作还存在诸多问题，人类生存和发展所面临的严重威胁难以得到有效化解。受上述全球治理结构的决定和影响，在当今国际关系中，虽然距离冷战结束已经过去30多年，但一些西方国家仍然固守冷战思维，热衷零和博弈，习惯于从竞争、对抗的视角看待世界和处理国际关系，把新兴国家的发展视作对自己的挑战，根本无视他国发展的需要。特别是近年来美国逆经济全球化的潮流而动，推行"美国优先"政策，追求自身的绝对安全，实行贸易霸凌主义，不断挑起与他国的冲突，并接连从多个国际合作组织中"退群"，严重破坏了人类在应对各种共同威胁上的国际合作。

正是由于以上原因，习近平总书记提出要构建作为人类"美好愿景"和全球治理"美好的目标"的人类命运共同体，就是构建以合作共赢为核心理念，能够使人类共同繁荣、共同发展的人类命运共同体，也就是党的十九大报告所阐述的"持久和平、普遍安全、共同繁荣、开放包容、清洁美丽的世界"。

三、如何构建人类命运共同体

习近平总书记指出："人类命运共同体，顾名思义，就是每个民族、每个国家的前途命运都紧紧联系在一起，应该风雨同舟，荣辱与共，努力把我们生于斯、长于斯的这个星球建成一个和睦的大家庭，把世界各国人民对美好生活的向往变成现实。"① 要构建这种以合作共赢为核心理念、"风雨同舟，荣辱与共"的人类命运共同体，必须从以下三个方面着手：

首先，在世界范围内大力倡导和强化人类命运共同体意识。构建人类命运共同体，是要从实然的人类命运共同体迈向应然的人类命运共同体，也可以说是要由自在的人类命运共同体迈向自为的人类命运共同体。实然的人类命运共同体是一种自在的人类命运共同体，它是自发形成的。经济全球化特别是资本逻辑的全球扩张，促成了"你中有我、我中有你"的风险共担的全球性社会，催生了实然的人类命运共同体。与此不同，应然的人类命运共同体则是一种自为的人类命运共同体，它是按照合作共赢这一核心理念有意识、有目的地组织起来的，只能是人类自觉构建的结果。因此，要从实然的人类命运共同体迈向应然的人类命运共同体，必须唤醒和强化人们对于人类命运共同体的自觉意识。

其次，着力加强人类共同利益的建设。应然的人类命运共同体所要维护和实现的人类共同利益，就是人类共同繁荣、共同发展。而人类共同繁荣、共同发展，是世界各国人民的共同愿望，是真正能够把

---

① 《习近平在中国共产党与世界政党高层对话会上的主旨讲话（全文）》，http://www.qstheory.cn/yaowen/2021-07/06/c_1127628756.htm。

世界各国人民联系和凝聚起来的纽带。构建人类命运共同体，最为重要的就是加强人类共同利益建设，强化和扎牢维系人类命运共同体的纽带。近年来，习近平总书记先后阐释过的"中国-东盟命运共同体""中拉命运共同体""亚洲命运共同体""中巴命运共同体""中越命运共同体""中非命运共同体""中哈命运共同体""上合组织命运共同体"等，都是通过强化共同利益的纽带而形成的，它们为我们构建人类命运共同体提供了有益的借鉴。中国倡导和推动的"一带一路"建设，就是通过强化共同利益的纽带来构建人类命运共同体的重要实践。"一带一路"建设实践表明，聚焦区域共同利益、建设区域命运共同体，不断延展共同利益的纽带，积小胜为大胜，是建设人类命运共同体的有效途径。

最后，向世界广泛传播并积极推动构建人类命运共同体。构建人类命运共同体必须着力建设以下五个"世界"：一是坚持对话协商，建设一个持久和平的世界。在各国之间建立起平等相待、互商互谅的伙伴关系，实现世界各国一律平等、相互尊重；以对话解决争端，以协商化解分歧，走出一条"对话而不对抗，结伴而不结盟"的国与国交往新路。二是坚持共建共享，建设一个远离恐惧、普遍安全的世界。坚持共同、综合、合作、可持续的新安全观，营造公道正义、共建共享的安全格局，坚决反对弱肉强食和穷兵黩武，统筹应对传统和非传统安全威胁，反对一切形式的恐怖主义。三是坚持合作共赢，建设一个远离贫困、共同繁荣的世界。坚持你好我好大家好的理念，推进开放、包容、普惠、平衡、共赢的经济全球化，共同推动世界各国发展繁荣。四是坚持交流互鉴，建设一个远离封闭、开放包容的世界。尊重世界文明多样性，努力促进和而不同、兼收并蓄的文明交流，使各种文明和谐共存、交相辉映和共同发展。五是坚持绿色低碳，建设一个山清水秀、清洁美丽的世界。即坚持人与自然共生共存的理念，共同保护生态环境，合作应对气候变化，保护好人类赖以生存的地球家园。

载于《光明日报》2021年1月11日，第15版

理想、理念、理论：
人类命运共同体的演进逻辑*

高金萍

北京外国语大学国际新闻与传播学院教授、马克思主义新闻观研究中心主任

人类命运共同体是中国提出的全球治理方案，也是有别于以雅尔塔体系为核心治理体系的一种全新的全球治理价值观。这一全球治理方案，正在被越来越多的国际公众接受、认同。人类命运共同体既是东西方轴心时代孔子和柏拉图关于"理想社会"构想的现代化，也是马克思和恩格斯"真正的共同体"的具象化。从2011年中国首次提出"命运共同体"到2021年4月22日习近平主席在"领导人气候峰会"上倡导构建人与自然生命共同体，近10年来中国先后提出了人类卫生健康共同体、人类安全共同体、人类发展共同体、人类人文共同体、人与自然生命共同体，为"持久和平、普遍安全、共同繁荣、开放包容、清洁美丽"的人类命运共同体理念提供了系统化的理论阐释，形成了从整体到局部的理论架构，从而实现了"社会理想—治理理念—科学理论"的三段式发展，人类命运共同体的内容越来越丰富，越来越完善，为全球治理转型提供了坚实的理论指引和顶层设计。

---

* 本文是国家社科基金重大项目"百年中国马克思主义新闻观话语的历史建构与实践研究"（项目批准号：20&ZD323）的阶段性成果。

一、人类命运共同体的逻辑起点

人的生存和发展是以共同体的存续为内在前提的，这是人类命运共同体的逻辑起点。人类命运共同体强调"在多样化社会制度中和平并存；在各国之间仍然存在利益竞争和观念冲突的现代国际体系中每个国家在追求本国利益时兼顾他国合理关切；在谋求本国发展中促进各国共同发展，其核心理念是和平、发展、合作、共赢"，这是基于增进世界人民共同利益、整体利益和长远利益的安排。

东西方轴心时代，伟大思想家孔子和柏拉图曾分别提出对人类理想社会的构想或愿景。在《论语》中，孔子提出了"博施于民而能济众"的社会至善境界，这一思想后来在《礼记·礼运》的"大同社会"中得到进一步论证：其一，"大同社会"是"天下为公"的社会，天下为天下人所共有、天下利益为天下人之利益；其二，"大同社会"是拥有社会保障的社会，男女老幼鳏寡孤独皆有"所用""所终""所长""所养"，既为社会发展贡献力量，又拥有社会保障权利；其三，大同社会是"讲信修睦"的社会，诚信道德是良好人际关系的原则。在"天下大同"这一社会发展的终极阶段，和谐有序的社会运行秩序、完善的社会保障制度、修己安人的相处之道，编织了大同社会的经纬。"天下大同"基于"儒家文化崇尚和谐，倡导天人合一的宇宙观、协和万邦的国际观、和而不同的社会观、人心和善的道德观"，描画了一幅人们相互交流、并行不悖、和谐共存，既珍视各自特色长处、又尊重包容他人的理想化社会图景。此后中国历代学者和政治家都曾对"大同社会"进行过阐发，从陶渊明的《桃花源记》、太平天国的《天朝田亩制度》、章太炎的《五无论》，到康有为的《大同书》、孙中山的"大同盛世"构想，都成为人类命运共同体理念的思想资源和精神资源。

古希腊时期，柏拉图的《理想国》从人的政治生活起源出发，讨论了共同体对于人的意义：人们因为生存而聚集在一起，在共同生活中交换物资、满足生活需要。共同生活需要秩序，这种秩序即为政治制度。围绕政治制度，柏拉图借苏格拉底之口，在辩论中解答了什么是"个人正义"和"城邦正义"。当三个阶级的人——具有欲望的体力劳动者阶级、具有意志的护卫者阶级以及拥有理智的统治者阶级——分工合作、协调一致时，即是理想化的和谐社会。所谓正义，就是三个等级所代表的节制、勇敢、智慧的和谐统一。

空想社会主义创始人、英国学者托马斯·莫尔的《乌托邦》深受《理想国》影响，在彻底否定私有制的基础上，设计出一个空想社会主义的岛国"乌托邦"，构建了公有制社会模式的雏形。启蒙运动时期，德国哲学家康德从法制的角度出发探索人类的安身立命问题，他的《永久和平论》从全球角度提出了"世界永久和平"的理念。康德"不仅从空间的意义上看待世界永久和平，而且站在世界公民的立场上将它置于世界历史之中来加以阐释"，这也意味着他是从人类社会演进的角度来论述通过建立国际联盟实现国际永久和平的设想。康德强调用外在强制的法律来约束每个人的自由行为，促使个体建立起一个合法的公民社会（国际联盟），并从两个层次提出了建立永久和平的国际法准则，即"国际永久和平的临时条款"和"国际永久和平的确定条款"。康德为未来永久和平世界设计的国际法基本准则，标志着他已经从柏拉图对人类理想社会构想走向了对理想社会的制度安排。康德的永久和平论启迪了德国学者哈贝马斯、美国学者罗尔斯、法国学者勒维纳斯等人的世界公民理论、正义理论、从民族国家走向世界大同理论等。

中西方对于理想社会的愿景,都离不开对共同体的思考和阐释。马克思和恩格斯在《德意志意识形态》第一卷中,梳理了人类的三种共同体:"自然的共同体"(以人的依赖关系为基础的"本源共同体")、"虚幻的共同体"(以物的依赖或资本的依赖为基础的资本主义社会共同体)和"真正的共同体"(人的自由全面发展的共产主义社会共同体)。从对资本主义社会的批判出发,马克思和恩格斯在《共产党宣言》中提出:"在真正的共同体的条件下,各个人在自己的联合中并通过这种联合获得自己的自由。"两位伟人基于人类历史、现实和未来的共同体思想,充分体现了他们对于未来社会物质生产和生活实践特征的判断以及对历史发展规律的准确把握。

1887年,德国社会学家斐迪南·滕尼斯在其著作《共同体与社会》中正式研究了共同体这一概念,认为共同体是指人类群体生活中一种有机的生活形态,它是与社会和机械的公共生活相对立的生活形态。在滕尼斯看来,基于亲属关系、邻里关系和友谊,人们缔结了血缘共同体、地缘共同体和精神共同体。滕尼斯关注的焦点在于从社会改造的角度提出对现实批判的理论参照系,显然滕尼斯受到马克思和恩格斯的共同体思想的影响。就共同体本身而言,滕尼斯所指称的共同体只是一种小范围的共同体,仅存在于族群或国家之中。

20世纪80年代,自由主义意识形态陷入危机,社群主义在西方兴起。社群主义者以马克思主义为思想来源,将马克思和恩格斯的共同体思想深化到历史发展进程之中,认为共同体是人类历史进程的最终阶段。在社群主义者看来,共同体是一种具有情感联系和共同信念的社会结构,在当代社会特别是美国社会,真正的共同体往往存在于种族和宗教团体之中。社群主义者的关注点停留于抽象的政治哲学范畴，视政治自由为追求目标，认为应该对共同体有更多尊重，以此维持社会秩序的稳定。与马克思主义关注共同体中人的主体性不同，社群主义者停留于人能动的生产力对于社会秩序的作用，忽略了人作为社会历史主体的作用。

历史车轮滚滚前行，人类对共同体的向往有增无减，其中蕴含的是人们对和谐共存、自由发展的理想社会的美好追求。虽然各个时期的共同体理念拥有不同的表述，但是其核心内涵却始终如一：在以共同体为生活方式维系人类生存发展这一点上具有相对稳定性。人类命运共同体理念是基于全球化发展的现实，坚持马克思主义的立场观点方法，对新的历史条件下人类构建共同体要求的回应。人类命运共同体理念呼应了东西方对理想社会的共同追求，照应了新时代全球格局的历史性变化，对维护世界的繁荣发展具有重大和深远意义。

二、人类命运共同体的逻辑主线

伴随着全球化进程，全球性问题和挑战日渐增多，全球治理的需求日渐凸显，全球治理的主体也不断扩展。"世界怎么了、我们怎么办"从这两点出发应对全球性问题和全球性挑战，是人类命运共同体的逻辑主线。

19世纪中期，第一次工业革命完成后，以英国为首的欧洲发达国家构建了以自由主义为核心的全球经济贸易体系，国家和政府间组织共同参与全球治理。两次世界大战后，美国取代英国成为全球治理的魁首，利用其科技、军事和文化优势，建立了以新自由主义为核心的美式全球化体系。在这个体系中，除了国家和政府间组织，非政府组织和跨国公司也成为参与全球治理的新主体。

21世纪以来，世界政治格局加速转变，新一轮科技革命和产业变革迅猛推进，国际科技竞争愈演愈烈；世界经济格局深刻调整；国际产业链供应链竞争持续加剧；全球经济治理体系和全球话语主导权竞争日益激烈。新冠肺炎疫情大流行凸显国际合作的缺失：联合国、世界贸易组织、国际货币基金组织、世界银行、二十国集团等全球合作机构的协调作用有限；以世界卫生组织为中心的全球健康治理框架也力不从心；新形势下，世界各国重新回到国家主义框架下。在全球性突发事件及传统安全问题面前，往昔以自由主义或新自由主义为核心价值的全球治理体系举步维艰，迫切需要进行改革以适应变化了的国际形势。

与此同时，百年未有之大变局的特征更加凸显。在从站起来、富起来到强起来的过程中，中国也完成了从百年前远离全球治理到改革开放后逐渐融入全球治理再到党的十八大以来积极参与全球治理的转变。中国不仅主动应对全球性问题和风险，而且积极为世界贡献智慧和方案。

党的十八大以来，中国通过举办一系列主场外交活动，搭建新的国际合作平台，展现中国智慧和中国方案，积极倡导构建人类命运共同体。通过设置议题引导全球治理方向，中国正从全球治理的"参与者"逐步转变成"引领者"。2013年，中国提出建设"丝绸之路经济带"和"21世纪海上丝绸之路"合作倡议，截至2020年年底中国已与138个国家、31个国际组织签署合作共建"一带一路"文件，举办了两届"一带一路"国际合作高峰论坛。中国与"一带一路"沿线国家货物贸易进出口总额从2013年的1.04万亿美元增加到2019年的1.34万亿美元，7年间累计总额超过7.81万亿美元。2014年，中国倡导成立亚洲基础设施投资银行以促进亚洲区域的互联互通和经济一体化建设，迄今该行已有 103 个成员。新冠肺炎疫情暴发后，亚洲基础设施投资银行积极作为，一是设立新冠肺炎危机恢复基金，对受到新冠肺炎疫情严重冲击的公共和私营部门机构提供快速融资，目前该基金规模已达 130 亿美元；二是在中国金融市场发行熊猫债券（初始规模为 100 亿元人民币），所募资金将用于该行的相关项目融资特别是其设立的新冠肺炎危机恢复基金支持的项目。亚洲基础设施投资银行的这些举措在一定程度上弥补了全球应对新冠肺炎疫情以及恢复基础设施建设的资金缺口，同时也是打造全球共同发展实践平台的有益尝试。

2017 年以来，"一带一路"倡议及其核心理念已被写入联合国、二十国集团、亚太经合组织以及部分其他区域性组织的有关文件；人类命运共同体理念被载入联合国不同层面多份决议，一定程度上体现为一种全球意识，在推动全球治理体系变革，构建相互尊重、公平正义、合作共赢的新型国际关系和国际秩序的共同价值规范等方面发挥了重要作用。

三、人类命运共同体的理论架构："五个共同体"

人类命运共同体着眼于用中国智慧和中国方案解决人类面临的共同挑战和难题，它的立足点是全球化，价值追求是和平发展、合作共赢，实现路径是共商、共治、共建、共享。

2020 年 11 月，习近平主席在上海合作组织成员国元首理事会第十二次会议上发表重要讲话，提出上合组织要弘扬"上海精神"，携手构建卫生健康共同体、安全共同体、发展共同体、人文共同体，为推动构建人类命运共同体作出更多实践探索。2021 年 4 月，在出席

"领导人气候峰会"时,习近平主席发表重要讲话,倡导构建"人与自然生命共同体"。中国以上述"五个共同体"回应了人类面临的紧迫问题,针对"世界怎么了、我们怎么办"这一时代之问交出了答卷:在实践层面上,通过"一带一路"倡议、建设亚洲基础设施投资银行等举措,积极践行共同体理念、深化共同体实践;在理论层面上,将"持久和平、普遍安全、共同繁荣、开放包容、清洁美丽"的理念概括为"五个共同体",通过体系化的理论架构形成了从理想社会到抽象理念,再到系统理论的三段式演进过程。

第一,面对突发性流行病对生命健康的威胁,提出构建卫生健康共同体是国际社会的中心任务。新冠肺炎疫情这场世纪大流疫导致全球经济严重受挫、国际关系急剧变动。美国一些媒体和政客无视中国的抗疫努力和贡献,污名化中国,捏造谣言炒作"病毒阴谋论",蓄意将疫情政治化;叫嚣中美"脱钩",为构建人类命运共同体设置话语陷阱;丑化中国国家形象,遏制和阻挠中国崛起。面对这股历史发展逆流,中国坚持"把合作和团结放在应对疫情的中心位置",倡导共建人类卫生健康共同体,主动与世界各国合作,充分彰显以全人类为本的价值理念。中国用实际行动推动构建卫生健康共同体,在国际援助、疫苗使用等方面积极行动:支持世界卫生组织协调、领导全球抗疫行动,向世界卫生组织提供两批共5000万美元现汇援助;呼吁国际社会团结起来应对疫情,用好上合组织、二十国集团等现有合作机制,深化疫情监测、疫苗研制等领域交流合作;截至2021年4月底,中国疫苗全球供应已突破1亿剂次,已向80个国家和3个国际组织提供疫苗援助,向40多个国家商业出口疫苗。当前,世界各国团结协作、构建全球卫生健康共同体,是战胜疫情这个人类共同敌人的最有效途径。

第二，面对"三股势力"（暴力恐怖势力、民族分裂势力、宗教极端势力）的威胁，提出构建安全共同体以确保国际安全。安全是人类发展的前提，在世界各国联系日益紧密、互联网传播成为主流的时代，非传统安全（或称"新安全"）已成为世界和平发展的严重威胁。近年来，"三股势力"通过互联网传播、借疫生乱的风险陡增，严重威胁各国人民生命安全和信息安全。中国提出构建安全共同体，旨在呼吁各国"要坚定支持有关国家依法平稳推进重大国内政治议程，坚定支持各国维护政治安全和社会稳定，坚决反对外部势力以任何借口干涉成员国内政。要深化团结互信，坚持通过对话和协商化解矛盾和分歧，巩固本组织发展政治基础"，"平衡处理技术进步、经济发展与保护国家安全和社会公共利益的关系"，推动各方朝着互利互惠、共同安全的目标相向而行。

第三，面对全球业已进入风险社会的客观现实，提出构建发展共同体以维护世界稳定。二战后，世界经济发展迅速，但发展不平衡现象日渐突出，富国与穷国的差距逐渐扩大，共同发展和共同富裕成为国际社会面临的重要问题。21世纪以来，全球风险社会特征凸显，金融危机让人们认识到经济共同体的重要价值；新冠肺炎疫情暴发让人们认识到卫生健康共同体的重要意义。风险社会理论的提出者、德国社会学家乌尔里希·贝克认为，风险的自反性在于全球风险不是必然酿成灾难，"风险向来是自我制造的未来挑战，风险动用新的创造力，架起了通往进步的阶梯"，风险也可以为制度转型提供契机。中国素有"利可共而不可独"的文化传统，提出构建发展共同体就是要携手各国化解风险和挑战，通过制度创新解决发展不平衡带来的问题，缩小发展差距，促进共同繁荣，持续改善民生。中国依托"一带一路"倡议，积极推动区域经济畅通循环，扩大相互投资规模，全面实现复工复产，引领全球各国走出发展低谷。中国以实际行动积极推动构建发展共同体。

第四，面对文明冲突时有抬头，提出构建人文共同体以超越文明隔阂。多年来，西方国家不能正视世界文明多样性和种族多样性的事实，给世界文明的发展和种族平等事业造成严重危害。新冠肺炎疫情暴发以来，"文明冲突论""种族优越论"沉渣泛起，一些西方媒体蛊惑民众，加剧社会撕裂、种族冲突。在复杂的国际形势下，促进民心相通、构建人文共同体是打破隔阂、消除误解的正道。人文交流是建立互信机制的前提和基础；人文纽带是凝聚精神、促进文明和谐共生的内驱动力。在相互尊重、平等包容的前提下，不同特色的文化相互借鉴、取长补短，通过文化交流激发文化生产力，进而实现文明的再生和复兴。中国提倡开展文化交流和文明对话，推动教育、文化、旅游、体育、媒体、妇女等领域交流合作，形成全方位、深层次、多渠道人文合作机制，以文明交流超越文明隔阂、以文明互鉴超越文明冲突、以文明共存超越文明优越。

第五，面对全球环境危机，提出构建人与自然生命共同体以维护人与自然和谐共生。人与自然的关系是人类社会最基本的关系。2017年党的十九大报告中首次提出"人与自然是生命共同体"。2021年4月22日，习近平主席在"领导人气候峰会"上发表重要讲话，以"六个坚持"全面系统阐释人与自然生命共同体理念的丰富内涵与核心要义："坚持人与自然和谐共生""坚持绿色发展""坚持系统治理""坚持以人为本""坚持多边主义""坚持共同但有区别的责任原则"。人与自然生命共同体倡导人类在社会生产实践中"尊重自然、顺应自然、保护自然"，把基于生命关怀的人类社会正义延伸至生态正义，呼吁国际社会从政治性正义与伦理性正义合一的视角来处理全球环境问题。

结语

命运与共，既是中国传统文化中天下一家、和衷共济理想的内在追求，也是古希腊哲人理想国的正义所在。从全球化发展的现实出发，人类命运共同体提出了新的国际社会合作观、安全观、发展观和文明观，通过"五个共同体"为推动构建人类命运共同体提供理论遵循。

中国基于对百年未有之大变局的客观判断，结合人类发展史上关于人类理想社会的构想，从马克思主义共同体理论出发，提出构建人类命运共同体。10年来，中国对这一理念进行了深入挖掘，从实践推进到话语建构，逐步完善这一理念，使之成为一个严密的理论体系。人类命运共同体起始于人类面临的全球性问题和冲突，从理念层面提出了美好愿景，通过"一带一路"等全球性实践确证其真理性。从"五个共同体"来看，人类命运共同体理念符合科学理论抽象性、系统性的基本特征，一方面它将具体实践活动抽象化，是对"一带一路"倡议等实践的简化和提炼；另一方面建立在明确判断、正确推理和事实证明基础之上，体现为完整的逻辑体系。可以预料，随着实践的发展，人类命运共同体本真内涵将更加丰富，理论框架将更加完善，实现路径将更加多元，将推动人类社会朝着文明、和谐、富裕的方向稳步发展。

载于《当代世界》2021年第6期

构建合作开放互利共赢的人类命运共同体

张宇燕

中国社会科学院学部委员、世界经济与政治研究所所长、研究员

徐秀军

中国社会科学院世界经济与政治研究所研究员

在庆祝中国共产党成立100周年大会上,习近平总书记回顾中国共产党百年奋斗的光辉历程,强调"以史为鉴、开创未来,必须不断推动构建人类命运共同体"。回顾历史,中国共产党坚守为世界谋大同的天下情怀,为中国人民谋幸福,也为促进人类进步事业而奋斗,积极推动构建人类命运共同体,为解决人类问题贡献了中国智慧和中国方案,为人类文明和进步事业作出了卓越贡献。在新征程上,中国共产党将继续同一切爱好和平的国家和人民一道,弘扬和平、发展、公平、正义、民主、自由的全人类共同价值,坚持合作、不搞对抗,坚持开放、不搞封闭,坚持互利共赢、不搞零和博弈,反对霸权主义和强权政治,推动历史车轮向着光明的目标前进。

一、坚持合作、不搞对抗是构建人类命运共同体的时代要求

当今世界正经历百年未有之大变局,新冠肺炎疫情全球大流行使大变局加速演进,国际经济、科技、文化、安全、政治等格局都在发

生深刻调整，世界进入动荡变革期。在此背景下，世界和平、发展与安全面临的新问题、新矛盾和新挑战层出不穷，构建人类命运共同体也因此面临更加复杂严峻的国际环境，迫切需要世界各国加强合作、共同应对。

坚持合作、不搞对抗是维护世界和平稳定的现实要求。世界和平稳定是各国人民的共同心愿，持久和平是人类命运共同体的重要内涵。历史证明，对抗不能换来和平，只有合作才是人类社会长治久安的秘诀。在人类社会经历两次世界大战的摧残后，全球主要国家在协商与合作的基础上创建了联合国，确立了国际法基本原则，推动建立了战后国际政治经济秩序。此后，人类社会避免了再次陷入大规模战争，由此迎来了长达几十年的总体和平。然而，当前少数大国仍抱守冷战和对抗思维，崇尚霸权主义、强权政治和新干涉主义，为一己私利制造事端、激化矛盾、挑起冲突，肆意推行以邻为壑、损人利己甚至损人不利己的对外政策，使世界局势更加错综复杂、动荡不安。这些理念与做法不仅落后于时代发展潮流，还给世界和平稳定埋下了隐患，也将损害其自身利益。

坚持合作、不搞对抗是适应全球经济高度相互依存的现实要求。世界各国资源禀赋相异，经济上各有优势和特色，彼此之间拥有高度相互依存的潜力和需求。随着经济全球化的深入发展，各国经济的相互依存度不断提升，并形成彼此紧密相连的全球供应链和产业网。在经济全球化条件下，从产品设计、原材料提供、中间品生产与组装到成品的销售与回收等所有环节都在全球范围内分工，国际分工也日益呈现垂直专业化的特点。这使得国家之间的分工优势更多表现为某一特定环节的优势，各国在供应链和产业网中相互协作、相得益彰、休戚与共。然而，当前少数国家到处挑起贸易战，使国家之间的正常经贸往来受到严重干扰。实践证明，搞各种形式的断供、禁运和脱钩，改变不了各国高度相互依存的事实，最终只能是得不偿失。

坚持合作、不搞对抗是应对全球性问题的现实要求。今天的世界仍不安宁，国际环境日趋复杂，不稳定性不确定性明显增加，世界经济低迷，发展鸿沟日益突出，地区冲突频繁发生，单边主义、保护主义、霸凌行径明显上升，恐怖主义、难民危机、生物安全、气候变化、重大传染病等全球性挑战此起彼伏，传统安全和非传统安全威胁层出不穷，人类面临严峻挑战。在全球性问题面前，人类社会早已是一个"一荣俱荣、一损俱损"的命运共同体。2020年的新冠肺炎疫情全球大流行，既是全球公共卫生治理问题，也是生态环境与气候变化问题，更反映出深刻的经济、社会和国际关系问题。全球抗疫实践表明，唯有团结合作才是战胜疫情最有力的武器。在其他全球性问题领域，合作同样是唯一的应对途径。

二、坚持开放、不搞封闭是构建人类命运共同体的必然选择

人类命运共同体不是相互隔离、相互孤立的共同体，而是在开放中实现共同发展和进步的共同体。世界各国的历史经验表明，开放带来进步，封闭必然落后。面向未来，人类社会应在更加开放的条件下不断推动经济繁荣发展、人类文明进步和制度发展完善，在更高层次上推进经济全球化，造福世界各国人民。

坚持开放、不搞封闭是经济繁荣发展的必然选择。开放促进经济繁荣发展不仅有坚实的理论逻辑支撑，更有丰富的实践成果证明。一国经济的长期发展说到底有赖于劳动生产率的提高，也就是单位时间内的产出增加。劳动生产率的提高大致有技术进步、人力资源积累和

体制机制创新等几种相互关联的因素。从一定意义上说，无论是推动技术进步，还是提升人力资本，抑或是创新体制机制，都与对外开放有着重要的联系。经过40多年的对外开放，中国深度参与国际分工，推动科技创新取得新突破，使人才竞争力大幅提升，破除了一系列阻碍经济社会发展的体制机制，实现了经济长期快速发展和现行标准下农村贫困人口全部脱贫，创造了人类历史上前所未有的发展奇迹。中国用对外开放的实践为后发国家实现经济繁荣发展指明了方向，也为各国共同繁荣提供了机遇。

坚持开放、不搞封闭是人类文明进步的必然选择。文明因多样而交流，因交流而互鉴，因互鉴而发展。文明多样性是人类社会的基本特征，赋予不同文明独特魅力。人类历史就是一幅不同文明相互交流、彼此借鉴、和合融通的宏伟画卷。世界各种文明因包容才有交流互鉴的动力，因交流互鉴才变得更加丰富多彩。任何一种文明，不管它产生于哪个地区、哪个国家、哪个民族的社会土壤之中，都是流动的、开放的，都是在同其他文明的交流交融中发展、演化成今天的形态。文明交流互鉴是增进各国人民友谊的桥梁、推动人类社会进步的动力、维护世界和平的纽带、打造人类命运共同体的重要思想基础。从历史上看，中华文明正是在与世界其他文明持续不断的交流互鉴中发展壮大的。在新征程上，我们要继续坚持开放，推动物质文明和精神文明均衡发展、相互促进，使中华文明按照时代进步的要求，在继承的基础上，不断创造性转化和创新性发展，释放深藏的旺盛生命力，同世界各国人民创造的丰富多彩的文明一道，为人类提供正确的精神指引和强大的精神动力。

坚持开放、不搞封闭是制度发展完善的必然选择。当今世界正处于以规则等制度为基础的"再全球化"阶段，并主要反映为参与国际规则的经济体及人口越来越多，国际规则所涉及的范围和内容越来越广，国际规则的约束力在很多领域有越来越强的趋势，世界各国的实力与利益同国际规则的联系越发紧密，等等。全球化进程的深刻转变带来了全球政治经济体系的深刻转变，并对国际机制运行和国际规则发展提出了更高要求。为应对各种全球性挑战，世界贸易组织、国际货币基金组织和世界银行等都启动了新一轮治理结构改革和规则重塑进程。这些都需要世界各国共同参与，在开放的环境中商量着办。同时，在微观层面，各国国内的体制机制或治理体系也需要在开放的环境中相互学习和借鉴，从而得到不断发展和完善，以适应新形势的要求。

三、坚持互利共赢、不搞零和博弈是构建人类命运共同体的根本保障

尽管世界各国发展目标不尽相同，但在高度相互依存的当今世界，这些目标之间具有不可分割的内在联系，并最终表现为互利共赢，让所有国家和人民平等享有参与合作的机会，平等分享合作的成果。所谓互利共赢，是指兼顾各方利益和关切，寻求利益契合点和合作最大公约数，体现各方智慧和创意，各施所长，各尽所能，把各方优势和潜力充分发挥出来。这是人类命运共同体的出发点和落脚点。

坚持互利共赢、不搞零和博弈才能奠定坚实的合作与开放基础。国家间的共同利益是国家合作的基础，而搞零和博弈和利益对立是国家间分歧、摩擦乃至冲突的根源。当今世界，一些国家出现的社会骚乱、族群冲突、政局动荡等问题，归根结底都跟不同国家、不同群体之间的利益分配不均密切相关。日益凸显的全球不平等问题在一定程度上可归因为一些国家奉行弱肉强食的丛林法则，在国际上大搞赢者

通吃、零和博弈，这不仅使一些国家对合作充满疑虑、对开放抱有抵制态度，还从根本上动摇了人类社会和谐共存的信任基础。构建人类命运共同体，其核心归结起来就是要和平不要战争、要发展不要贫穷、要合作不要对抗、要共赢不要单赢。我们要推动各国加强协调和合作，把本国人民利益同世界各国人民利益统一起来，朝着构建人类命运共同体的方向前行。

坚持互利共赢、不搞零和博弈才能营造良好的合作与开放环境。近年来，少数国家在国际上挥舞关税和禁运大棒，搞你输我赢的贸易战、科技战和金融战，破坏了国际社会互利共赢的良好合作与开放氛围。于是，越来越多的国家对外政策的内顾倾向加重，保护主义盛行，经济全球化因此遭受前所未有的挑战。事实证明，无论在什么领域，搞零和博弈只会制造更多的分裂、对立和乱局，而只有坚持互利共赢才能实现团结合作和开放发展。

坚持互利共赢、不搞零和博弈才能塑造持久的合作与开放动力。国家利益是国家对外行为最重要、最根本的动因。国家参与国际合作、推行对外开放的根本目的在于增进和维护国家利益。一国福祉的增进离不开良好的外部环境，在危机四伏、复苏乏力的世界中，任何国家和地区都不可能独善其身。因此，我们构建人类命运共同体，不能只是少数国家的发展和繁荣，而应该追求世界各国的普惠和均衡发展，使各个国家和地区一起驶入互利共赢和共同繁荣的轨道。同时，国际社会要共同努力改革和完善现有国际规则体系，作出更有效的相关制度安排，使世界各国及其人民在合作与开放中有更多获得感、幸福感和安全感，为合作与开放提供持久动力和更加有力的保障。

载于《经济日报》2021年7月26日，第11版

坚持胸怀天下
不断推动构建人类命运共同体

孙 艳

中国社会科学院欧洲研究所副研究员

党的十九届六中全会通过的《中共中央关于党的百年奋斗重大成就和历史经验的决议》（以下简称《决议》）明确指出，经过持续努力，中国特色大国外交全面推进，构建人类命运共同体成为引领时代潮流和人类前进方向的鲜明旗帜。构建人类命运共同体作为习近平外交思想的重要组成部分，是中国特色大国外交的一面旗帜，彰显了以习近平同志为主要代表的中国共产党人立足中国、胸怀天下，为中国人民谋幸福、为中华民族谋复兴、为世界人民谋大同的全球视野和博大胸襟，也彰显了中国外交致力于世界和平发展、促进人类共同进步的坚定信念。

一、立足回答时代之问

《决议》指出，中国共产党"始终以世界眼光关注人类前途命运，从人类发展大潮流、世界变化大格局、中国发展大历史正确认识和处理同外部世界的关系"。百年来，党团结带领全国各族人民推动中华民族迎来了从站起来、富起来到强起来的伟大飞跃，中国日益走近世界舞台中央。当前，面对世界百年未有之大变局，各国人民都在思考一个时代之问:"世界怎么了、我们怎么办"。习近平总书记高屋建瓴、远见卓识地指出,人类生活在同一个地球村里,越来越成为你中有我、我中有你的命运共同体。归根结底,这个时代之问的答案就是推动构建人类命运共同体。推动构建人类命运共同体的理念和倡议成为新时代坚持和发展中国特色社会主义的基本方略,也纳入联合国决议等多份国际文件,日益成为国际社会的广泛共识。

展现马克思主义政党的历史使命。马克思主义自诞生以来,就致力于全人类的解放事业。中国共产党是以马克思主义为指导思想的政党,百年来始终为中国人民谋幸福、为中华民族谋复兴,也为人类谋进步、为世界谋大同。构建人类命运共同体是马克思主义中国化时代化的最新成果之一,是真理性、实践性、时代性的统一。中华民族伟大复兴绝不是传统西方大国崛起、扩张称霸的翻版,而是造福世界、利好世界的盛事。从周边命运共同体、亚太命运共同体、中非命运共同体、中阿命运共同体、中拉命运共同体到人与自然生命共同体、全球发展共同体等,中国正在以自身机遇和伟大复兴带动世界发展和繁荣。

顺应历史大势和时代潮流。当今世界,经济全球化浪潮滚滚向前,新一轮科技革命和产业变革深入发展,各国间彼此联系、相互依存比过去任何时候都更频繁、更紧密、更深入。面对复杂变化的国际形势和日益加剧的各种风险挑战,任何人任何国家都无法独善其身。习近平主席在联合国大会上发言指出,"任何国家都不能从别国的困难中谋取利益,从他国的动荡中收获稳定,如果以邻为壑、隔岸观火,别国的威胁迟早会变成自己的挑战。"[①] 人类命运共同体理念的提

[①] 《习近平在第七十五届联合国大会一般性辩论上的讲话》,载《人民日报》,2020年9月23日,第3版。

出顺应了和平、发展、合作、共赢的时代潮流,揭示了世界各国相互依存和人类命运紧密相连的客观现实和发展规律。只有超越政治制度和意识形态对立思维,超越地缘政治和安全上的零和博弈困境以及文明和种族上的歧视心态,走向各国之间的利益、责任和命运共同体,才能回应世界人民求和平、谋发展、促合作的普遍诉求,建设和守护好人类共同家园。

彰显中华文明的独特智慧。《决议》指出,中华优秀传统文化是中华民族的突出优势,是我们在世界文化激荡中站稳脚跟的根基。中华民族崇尚"和合"思想,讲求"和为贵""和而不同""厚德载物""己所不欲,勿施于人""海纳百川,有容乃大"。中华优秀传统文化正是人类命运共同体理念的内在深层构成。习近平总书记指出,要推动全球治理理念创新发展,积极发掘中华文化中积极的处世之道和治理理念同当今时代的共鸣点,继续丰富打造人类命运共同体等主张,弘扬共商共建共享的全球治理理念。亲诚惠容的周边外交理念延续了"亲仁善邻"的美德,正确义利观体现了"重义轻利"的境界,共商共建共享的全球治理观映照了"达则兼济天下"的情怀,共同、综合、合作、可持续的新安全观反映了"兼爱非攻"的思想,相互尊重、公平正义、合作共赢的新型国际关系展示了"协和万邦"的胸襟,人类命运共同体则诠释了"天下为公"的追求。推动构建人类命运共同体,是中华优秀传统文化中的特色智慧与时代命题结合的重要成果,必将为人类和平共处、包容共进带来思想启示,作出重要贡献。

二、探索共建共享之道

构建人类命运共同体,就是超越不同社会制度、不同意识形态、不同发展阶段的差异和分歧，用共同利益、共同挑战和共同责任把各国前途命运联系在一起，共同建设持久和平、普遍安全、共同繁荣、开放包容、清洁美丽的世界。

打造新的世界蓝图。《决议》指出，党推动构建人类命运共同体，为解决人类重大问题，建设持久和平、普遍安全、共同繁荣、开放包容、清洁美丽的世界贡献了中国智慧、中国方案、中国力量。习近平总书记曾多次阐释这个美好世界的图景，从伙伴关系、安全格局、经济发展、文明交流、生态建设等方面勾勒出基本原则理念和目标要求。从伙伴关系看，各国应秉持对话不对抗、结伴不结盟的伙伴关系原则，大小国家平等相待、和平共处，以意识形态划线、搞地缘政治小圈子注定没有前途。从安全格局看，各国应树立共同、综合、合作、可持续的新安全观，放弃绝对安全和本国安全高于一切的幻想，坚持以谈判协商方式通过政治渠道解决彼此争端分歧。从经济发展看，各国应维护以世界贸易组织为核心的多边贸易体制，坚决反对单边主义和保护主义，致力于推动开放、包容、普惠、平衡、共赢的经济全球化进程。从文明交流看，各国应促进不同文明文化间的交流互鉴、取长补短，反对搞高低贵贱的文明歧视和唯我独尊的文化霸权，而是要各美其美、美美与共。从生态建设看，各国应树立保护地球共同家园的责任意识，更加注重降污减碳和生态保护，寻求人与自然和谐共生，走绿色低碳、循环可持续的发展之路。

建设新型国际关系。《决议》将"推动建设新型国际关系"作为加强对外工作顶层设计、对中国特色大国外交作出战略谋划、引领人类进步潮流的重要任务之一，强调了从相互尊重、公平正义、合作共赢三个层面理解其内涵的重要性。这是针对西方国际关系理论和实践中的"丛林法则""安全困境""霸权稳定论"等错误思维论调提出的中国版改进方案。一是强调国家间交往的基本前提是相互尊重。习近平主席在北京出席中华人民共和国恢复联合国合法席位50周年纪念会议时指出，我们不是以一种制度代替另一种制度，不是以一种文明代替另一种文明，而是不同社会制度、不同意识形态、不同历史文化、不同发展水平的国家在国际事务中利益共生、权利共享、责任共担。① 各国应彼此尊重自主选择符合本国国情的政治制度和发展道路的权利，道路行不行要看能否带来经济发展、社会进步、民生改善、社会稳定，能否获得人民拥护。二是强调国际秩序的持久根基是公平正义。习近平总书记指出，国际规则应该是世界各国共同认可的规则，而不应由少数人来制定。各国应倡导国际上的事大家商量着办，推动国际秩序和全球治理体系朝着更加公正合理的方向发展。三是强调国际社会的最大利益是合作共赢。各国应共同维护地区和平稳定，反对霸权主义和强权政治；扩大相互市场开放，推动贸易和投资自由化便利化，保持全球产业链供应链安全稳定。

重塑世界价值理念。习近平主席在联合国等多个国际场合讲话中指出，和平、发展、公平、正义、民主、自由是全人类的共同价值。近年来的实践证明，全人类共同价值的提出反映了国际社会广泛共识和价值追求，是对人类命运共同体理念的理论深化和精神升华，体现了中国负责任的大国担当。民主和自由是世界各国人民的共同追求，民主没有统一模式和规格，中国将民主和自由作为社会主义核心价值观的重要组成部分，不断发展完善全过程人民民主，为发展中国家探索和实践符合本国国情的政治发展道路提供成功范例。正如《决议》指出，要"弘扬和平、发展、公平、正义、民主、自由的全人类共同

---

① 《习近平出席中华人民共和国恢复联合国合法席位50周年纪念会议并发表重要讲话》，新华社北京2021年10月25日电。

价值，引领人类进步潮流"。各国应深化人文对话交流、加强相互认知了解、扩大彼此学习借鉴，不断系牢人类命运共同体的精神纽带。

三、积极贡献中国力量

中国始终是世界和平的建设者、全球发展的贡献者、国际秩序的维护者。中国有能力有信心践行人类命运共同体理念，为促进世界和平发展事业作出更大贡献。

致力于建设世界和平，不断夯实人类命运共同体的政治基础。《决议》指出，党把握新时代外交工作大局，紧扣服务民族复兴、促进人类进步这条主线，高举和平、发展、合作、共赢的旗帜，推进和完善全方位、多层次、立体化的外交布局。一是始终奉行独立自主的和平外交政策，坚持在和平共处五项原则基础上发展同各国的友好合作，为各国相互尊重、平等相待树立典范。二是坚持和平发展的战略选择。中华民族爱好和平，没有侵略他人、称王称霸的文化基因。正如《决议》指出，"只要我们坚持和平发展道路"，"不依附别人、不掠夺别人，永远不称霸，就一定能够不断为人类文明进步贡献智慧和力量"。三是倡导共同安全、普遍安全理念，积极维护国际和平与安全。中国是派出联合国维和人员最多的安理会常任理事国，为维护地区稳定、解决热点问题发挥重要建设性作用。四是拓展全球伙伴关系网络，运筹大国关系、推进大国协调合作，按照亲诚惠容理念和与邻为善、以邻为伴周边外交方针深化同周边国家关系，秉持正确义利观和真实亲诚理念加强同发展中国家团结合作。中国愿同各国加强沟通协调对话，妥善管控分歧风险，不断增强和平力量和稳定力量，走出和平共处、合作共赢的国际关系新路。

致力于促进全球发展，不断夯实人类命运共同体的经济基础。习近平总书记指出，我们要树立世界眼光，更好把国内发展与对外开放统一起来，把中国发展与世界发展联系起来，把中国人民利益同各国人民共同利益结合起来。当前，我国已进入新发展阶段，全面贯彻新发展理念，着力构建新发展格局，努力推动高质量发展，对外开放的大门只会越开越大。一是坚定支持开放合作。中国支持经济全球化和自由贸易大方向，维护以世贸组织为核心的多边贸易体制，坚持开放的地区主义，不断做大共同利益蛋糕。二是不断推动高水平对外开放。《决议》指出，中国发展"要赢得优势、赢得主动、赢得未来，必须顺应经济全球化，依托我国超大规模市场优势，实行更加积极主动的开放战略"。中国加入世贸组织20年来，已成为全球最具增长潜力的大市场，连续多年对世界经济增长贡献率达到30%左右。三是共建"一带一路"潜力巨大。自习近平总书记2013年提出"一带一路"倡议以来，共建"一带一路"已成为世界上范围最广、规模最大的国际合作平台。中国扩大高水平开放的决心不会变，同世界分享发展机遇的决心不会变，推动经济全球化朝着更加开放、包容、普惠、平衡、共赢方向发展的决心不会变。中国同世界各国共同繁荣的前景必将更加广阔。

致力于维护国际秩序，不断夯实人类命运共同体的规则基础。习近平主席在上合组织成员国元首理事会第二十一次会议上的讲话中指出："解决国际上的事情，不能从所谓'实力地位'出发，推行霸权、霸道、霸凌，应该以联合国宪章宗旨和原则为遵循，坚持共商共建共享。"[①] 一是坚定捍卫多边主义。中国已加入几乎所有普遍性政府

[①] 《不忘初心 砥砺前行 开启上海合作组织发展新征程——在上海合作组织成员国元首理事会第二十一次会议上的讲话》，http://www.gov.cn/gongbao/content/2021/content_5641337.htm。

间国际组织，签署600多项国际公约，始终坚定维护以联合国为核心的国际体系和以国际法为基础的国际秩序，坚决反对单边主义、保护主义、霸权主义、强权政治，反对打着"规则"旗号破坏国际秩序、制造对抗和分裂。二是积极参与全球治理。秉持共商共建共享的全球治理观，为全球治理体系改革提供中国方案，推动全球治理体系朝着更加公正合理的方向发展。坚定维护以世贸组织为核心的多边贸易体制，支持世贸组织改革朝着正确方向发展，支持多边贸易体制包容性发展。三是在应对全球性挑战中发挥担当和引领作用。中国提前十年实现《联合国2030年可持续发展议程》减贫目标，对全球减贫贡献率超过70%；已向166个国家和国际组织提供发展援助，提出"全球发展倡议"，赢得国际好评。中国是抗击新冠疫情国际合作的中坚力量，倡导建立人类卫生健康共同体。中国积极推动经济绿色转型，宣示力争2030年前实现碳达峰、2060年前实现碳中和目标，已制定《2030年前碳达峰行动方案》，为国际社会合作应对气候变化发挥重要作用。面向未来，无论国际风云如何变幻，中国都将在世界变局中发挥稳定性作用、展现负责任大国担当，与各国及国际组织一道，高举真正的多边主义火炬，让构建人类命运共同体的伟大事业更加枝繁叶茂，让世界和平发展的未来前景更加美好可期。

载于《红旗文稿》2021年第24期

第三篇 人类命运共同体——意义与价值

人类命运共同体理念
引领人类文明进步方向

王存刚

南开大学周恩来政府管理学院教授

党的十八大以来,习近平总书记在国际国内多个重要场合提出构建人类命运共同体,并对其丰富内涵和实践路径作了深入阐述。人类命运共同体理念明确回答了世界向何处去、崛起的中国向何处去、新形势下中国怎样办外交等重大命题,是当代中国外交理论的重大创新成果之一,也是马克思主义中国化的最新成果之一。人类命运共同体理念超越了西方主流国际关系理论,蕴含着重大理论意义和实践价值,必将有力促进人类和平与发展的崇高事业。

一、继承和发展马克思主义与中华传统文化中的思想精髓

任何重大理论创新都不是无源之水、无本之木,往往都是在继承前人思想精髓的基础上,结合新的现实条件和具体实践发展起来的。人类命运共同体理念是在继承马克思主义与中华传统文化思想精髓的基础上所形成的理论创新成果。

继承和发展了马克思、恩格斯的共同体思想。马克思、恩格斯明确提出并系统阐释了共同体思想。他们把作为无产阶级奋斗目标的共产主义社会确立为"自由人联合体"。在这种共同体中,个人是"世

界历史性的、经验上普遍的个人",是自由而全面发展并因此具有丰富个性的"自由人"。马克思、恩格斯的共同体思想为人类命运共同体理念奠定了坚实的理论基础。

继承和发展了我们党几代中央领导集体关于国际秩序的主张。新中国成立后特别是改革开放以来,中国共产党人在处理中国与外部世界关系时高度重视国际秩序问题,提出了一系列具有重大影响的理念和主张。比如,和平共处五项原则,以和平共处五项原则为基础建立国际政治经济新秩序,携手推动建设持久和平、共同繁荣的和谐世界,等等。正是在继承这些理念和主张的基础上,以习近平同志为核心的党中央面对国际形势的深刻变化和各国人民的共同愿望,提出构建人类命运共同体,有力推动了中国特色大国外交理论的新发展。

汲取了中华传统文化中"天下观"与"和文化"的思想精髓。中华传统文化中的"天下观"源远流长,无内无外、天下一家是其核心原则,协和万邦、世界大同是其终极目标。这种"天下观"与和而不同、和为贵等"和文化"有机结合,构成了中国人处理与外部世界关系的基本准则。人类命运共同体理念汲取了中华传统文化中"天下观"与"和文化"的思想精髓,将攸关中国前途命运的中国梦与攸关世界各国前途命运的世界梦紧密连接在一起,让世界各国共享中国经验,让中国发展成为世界的机遇。

二、引领中国外交的新理念新思想新战略

一个科学的理论体系往往有其核心范畴,用以统摄理论体系中的相关概念,保证理论体系概念间的自洽和逻辑上的贯通。人类命运共同体可以说是中国特色大国外交理论体系的核心范畴,它引领着自党

的十八大以来中国外交的新理念新思想新战略。

从具体内容看。党的十八大以来，中国坚定不移走和平发展道路，构建以合作共赢为核心的新型国际关系，建立全球伙伴关系网络，坚持正确义利观，坚持公平、开放、全面、创新的发展观，坚持共同、综合、合作、可持续的安全观，坚持共商共建共享的全球治理观，等等。人类命运共同体理念把这些新理念新思想新战略有机整合起来，形成了一个结构完整、层次鲜明、内容科学、逻辑严密的理论体系。这一理论体系以人类命运共同体理念为引领，有清晰目标，有明确原则，有具体路径，各部分彼此呼应、相互支撑、浑然一体。

从涵盖领域看。人类命运共同体理念涉及政治、经济、安全、社会、文化、生态等多个领域，是对政治共同体、经济共同体、安全共同体、社会共同体、文化共同体等的进一步概括和升华。人类命运共同体理念把利益共同体、责任共同体和行动共同体等处于不同发展阶段的共同体理念紧密连接在一起。其中，利益共同体是构建人类命运共同体的前提和基础，责任共同体和行动共同体是构建人类命运共同体的要求和手段。

从空间范围看。人类命运共同体理念把周边、地区和双边三个不同层次的命运共同体建设有机统一起来。首先，周边是我国安身立命之所、发展繁荣之基，打造周边命运共同体对中国外交来说具有优先性。其次，地区在国际关系中具有特殊价值，是连接中国和世界的重要节点，打造中国与特定地区的命运共同体对于构建人类命运共同体具有先导和示范作用，如中国积极倡议和构建亚洲命运共同体。再次，双边关系是国际关系的基本形式和中国对外关系的基本内容。中国通过与巴基斯坦、哈萨克斯坦、老挝等国构建双边命运共同体，为打造中国与特定地区的命运共同体奠定了坚实基础。

三、维护世界和平的美好愿景

纵观人类历史不难发现,如果一种关于未来世界的设想不具有和平属性,反而内含诱发冲突乃至战争的因素,那它必将被历史淘汰。只有以维护和平为目的,具有鲜明和平属性,这样的愿景才可能产生广泛影响力,并切实推动人类社会发展进步。人类命运共同体就是这样一种具有鲜明和平属性的理念。

人类命运共同体理念承认世界的差异性和多样性,并在此基础上追求世界的统一性,体现的是一种和而不同的价值追求与殊途同归的理性判断。具体来说,人类命运共同体意味着具有不同历史文化传统、实行不同社会制度、处于不同发展水平的国家和地区,在彼此信任的基础上,在涉及生存和发展等根本问题上要做到同舟共济、守望相助、荣辱与共。这就要求各个国家和地区之间通过和平方式,即非暴力的合作方式建立和积累互信,反对霸权主义和强权政治。

2017年1月,习近平主席在联合国日内瓦总部发表演讲时郑重指出:"几千年来,和平融入了中华民族的血脉中,刻进了中国人民的基因里。""数百年前,即使中国强盛到国内生产总值占世界30%的时候,也从未对外侵略扩张。"① 因此,和平是中国发展的根本属性,是中国外交的根本属性。中国坚持走和平发展道路,是基于国际环境、自身基本国情、社会制度和历史文化传统作出的战略抉择,对自身有利,对亚洲有利,对世界有利。中国没有理由改弦更张,重蹈历史上大国崛起的覆辙。中国走和平发展道路,也殷切希望其他国家共

---

① 《习近平:共建人类命运共同体》,http://www.gov.cn/xinwen/2021-01/01/content_5576082.htm。

同走和平发展道路。只有这样，和平的阳光才会真正普照我们生活的这个美丽星球，人类命运共同体的美好愿景才能真正实现。

四、超越西方主流国际关系理论

一部人类思想发展史，也是一部思想超越史。没有思想上的不断超越，人类社会就无法不断前进。人类命运共同体理念在多个方面体现出对近代以来西方主流国际关系理论的超越。

自威斯特伐利亚体系形成以来，国际关系进入西方大国主导的近代阶段。与之相适应，权力政治、丛林法则、力量均衡、零和博弈、霸权稳定等国际关系理念陆续产生，深刻影响着人们对国际关系本质特别是其走向的认知。第二次世界大战后，国际关系进入新的发展阶段。以联合国宪章为基础，相互依赖、民主和平、全球治理、制度主义、多边主义、区域主义等新的国际关系理念陆续产生，但这些理念总体上比较多地体现出西方国家的意志和利益。20世纪90年代初，以美国和苏联两极对峙、东西方世界彼此分离为基本特征的冷战结束，世界多极化、经济全球化和社会信息化不断发展，扩大合作、共同发展成为国际社会的迫切需求，国际关系由此又进入各国竞合的新阶段。在此背景下，具有浓重强权政治色彩的传统国际关系理念越来越显现出不适应性，并对人类社会发展产生越来越大的消极影响，国际关系领域亟须形成与时代特点和要求相匹配的新理念。人类命运共同体理念就是这样的新理念，它指明了国际关系乃至整个人类社会未来发展的方向。

长期以来，西方主流国际关系理论对国际关系一直有着重要影响。西方主流国际关系理论以传统国际关系为研究对象、以西方国家处理国际关系的实践为现实基础，其学术视野的偏狭和现实解释力的局限已成为学术界的共识，创新国际关系理论的呼声日益高涨。人类命运共同体理念的提出超越了西方主流国际关系理论。具体来说，这种超越主要体现在以下几个方面：它超越了推崇权力政治的现实主义，因为按照现实主义的基本逻辑，人类无法跨越"修昔底德陷阱"，只能不断上演大国政治的悲剧；它超越了推崇国际制度的自由主义，因为按照自由主义的基本逻辑，人类无法跨越"金德尔伯格陷阱"，崛起大国将与守成大国竞相逃避国际责任，从而可能使世界秩序失范乃至崩溃；它也超越了建构主义，因为按照建构主义的基本逻辑，人类只能沿着所谓的霍布斯文化、洛克文化拾级而上，最终到达的仍是体现西方价值偏好的世界格局。

正因为这些超越，人类命运共同体理念已经得到国际学术界的肯定，并被认为是一种新的秩序观、价值观乃至新的哲学。当前，国际社会对人类命运共同体理念的认可度不断提升。2017年2月，联合国社会发展委员会第55届会议在其通过的"非洲发展新伙伴关系的社会层面"决议中，明确写入"构建人类命运共同体"的愿景，体现了广大成员国对这一理念的支持。联合国秘书长古特雷斯也表示，联合国"践行多边主义的目的，就是要建立人类命运共同体"。

载于《人民日报》2017年7月27日，第7版

人类命运共同体，
化解无形的文明隔阂

乔兆红

上海交通大学马克思主义学院教授、
上海市习近平新时代中国特色社会主义思想研究中心特聘研究员

人类的文明源于共同的人性。人类文明是有共通性的。绝对陌生且不相容的话语符号系统是不可能跨文化传播的，更不可能被认同。有了共性认识基础，即有了比较、鉴别标准。由此，不同文化的先进性可以被"读"出来，进而得到认同、传播。

把人类作为一个整体来研究，学界早有探索。英国历史学家汤因比曾经说过，历史研究的可以自行说明问题的单位既不是一个民族国家，也不是另一极端上的人类全体，而是我们称之为社会的某一群人。在《历史研究》中，汤因比把这些社会统称为文明，并以21个文明作为研究和说明整个人类文明历史的单元基础，力图以人类历史的整体作为研究对象。

之后，还有学者步汤因比的流风余韵，把170多个人类社会归纳为7种模式，然后努力把人类作为一个整体，研究并说明世界现代化进程的全局。由于社会情况的变化、政治文化观念的差别及作者自身认识的局限，其中的某些判断还有一些不够确切乃至错误之处，但毕竟为我们第一次勾画出整个人类走向现代化进程的壮阔全景。

相较于上述理论阐述，中国提出的人类命运共同体理念带有更强的现实性和针对性。这一提法的理由何在？人类命运共同体目标又如何得以实现？本文将就这些相关话题同大家作一些分享与交流。

一、文化理念：用一个标准去衡量文明，只会导致猜忌和冲突

中国的古老文明为世界和谐思想的发展作出了卓越贡献。习近平总书记指出，中华民族拥有悠久历史和灿烂文明，但近代以后历经血与火的磨难。中国人民没有向命运屈服，而是奋起抗争、自强不息，经过长期奋斗，而今走上了实现中华民族伟大复兴的康庄大道。回顾历史，支撑我们这个古老民族走到今天的，支撑5000多年中华文明延绵至今的，是植根于中华民族血脉深处的文化基因。中华民族历来讲求"天下一家"，主张民胞物与、协和万邦、天下大同，憧憬"大道之行，天下为公"的美好世界。"世界各国人民都生活在同一片蓝天下、拥有同一个家园，应该是一家人。世界各国人民应该秉持'天下一家'理念，张开怀抱，彼此理解，求同存异，共同为构建人类命运共同体而努力。"

千百年来，人类一直期盼永久和平，但战争和冲突从未远离。面对人类文明发展的共同主题，中国倡导的人类命运共同体理念，就是在汲取优秀传统文化和哲学智慧的基础上，发育出基于中国经验的文化哲学，对当今世界文明发展进程中的基本矛盾和困惑作出了富有启示性、创建性的回答。儒家主张以和平、公正、文明的手段来解决争端，推崇的是差异和兼容，协调的是"相似"与"相近"，以此实现一种和而不同、兼容并包且富有弹性的人文旨趣。这才是真正健康的世界主义。只有解决好共生问题，实现多元统一、兼容共生、协调有序、充满活力和大众共享，才能构筑出一个和谐有序的世界。

二战后，汤因比对现代科技引发人类现代文明缺失表达过深深的忧虑。一方面，精神文化建设相对于经济建设显得有所滞后；另一方面，传统文化遇到现代化时，面临继承与转化的问题。从这个意义上说，"文化危机"是任何一个民族、任何一个国家在现代化过程中必然经历的过程。不过，危机并不可怕。因为事物的发展都是辩证的，伴随文化对立冲突的是融合再生。其中的关键是，在文化的冲突和危机中建构一个适应现代化和未来社会发展的新的文化价值系统。

习近平总书记强调，文明的繁盛、人类的进步，离不开求同存异、开放包容，离不开文明交流、互学互鉴。历史呼唤着人类文明同放异彩，不同文明应该和谐共生、相得益彰，共同为人类发展提供精神力量。我们应该坚持世界是丰富多彩的、文明是多样的理念，让人类创造的各种文明交相辉映，编织出斑斓绚丽的图画，共同消除现实生活中的文化壁垒，共同抵制妨碍人类心灵互动的观念纰缪，共同打破阻碍人类交往的精神隔阂，让各种文明和谐共存，让人人享有文化滋养。相比有形的物理分隔，无形的精神隔阂对于共同体的构建影响更大。就此而言，文化交流、文明对话显得十分重要。

在推进现代化的过程中，中国当代知识分子应当真正树立文化自信，自觉承担弘扬中华文化的使命。一方面，必须摆脱急功近利的实用主义态度，树立科学态度和求真精神，以冷静而深沉的理性来思考、研究和反省中西文化。另一方面，要加强不同文化之间的平等对话，寻求相互沟通和相互理解，在人类文化总的宝库中发掘一切健康有益的精神资源，共同弥补现今人类文明的缺失。

人类自从有能力认识世界和自己，就开始思考人类共同的命运。大量东西方先哲圣贤一直在探寻、构筑人类的核心价值体系。冷战后，西方文明似乎"独领风骚"，一时呈现出主导世界文明发展方向的趋势,"西方文明优越论"一度大行其道。抛开国情和历史传统的差异,用一个标准去衡量文明的好坏,注定是无效的,也是缺乏说服力的,其结果只会导致猜忌和冲突。

先进文化乃人类的文明,是人类共同的文明成果。先进性的相融与整合是人类社会文化发展的基本法则。但凡创始者可以赖以发展、强大,并能实现跨文化系统传播且被非创始者广泛接受、采用的文明成果,均乃人类共同的文明。即便首创者只是一个民族、一个阶级,但其得以传承、积淀于人类历史,成为人类文明中的"熠熠生辉者",就是因其已超越了民族和阶级,构成对人类文化的积极贡献。

二、历史渊源:具有天下主义传统的中国,能带来统一与和平

自古以来,中国就以和而不同的理念来对待人类文明发展。不同的文明只有在彼此信任的基础上对话,才能实现自我更新。2014 年 3 月 27 日,习近平主席在联合国教科文组织总部演讲时呼吁,让收藏在博物馆里的文物、陈列在广阔大地上的遗产、书写在古籍里的文字都活起来,让中华文明同世界各国人民创造的丰富多彩的文明一道,为人类提供正确的精神指引和强大的精神动力。中国传统文化唯有"活"起来,才能"火"起来。

孙中山先生早就指出,从经济上来分析,中国的觉醒及开明政府的建立不仅对中国人,而且对全世界都有好处。一旦中国经济得到发展,人民生活水平逐步提高,对外国货物的需求即可增多,而国际商务即可增加。种种迹象表明,中国问题的解决具有世界意义,中国的复兴将是全人类的福音。"世界和平、维持人道"必须确保中国自主和发展。在此基础上,孙中山先生提倡用一种和平、开放的民族主义

思想来处理中国与世界各国之间的关系。孙中山说："我们今日在没有发达之前，立定扶倾济弱的志愿，将来到了强盛时候，想到今日身受过了列强政治经济压迫的痛苦，将来弱小民族如果受这种痛苦，我们便要把那些帝国主义灭消，那才算是治国平天下。"

孙中山先生把《大学》所标榜的"格物、致知、诚意、正心、修身、齐家、治国、平天下"看作传统的"最有系统的政治哲学"。他的最高理想是，用固有的道德和平作基础，去统一世界，成一个大同之治。当然，这条走向世界大同之路过分强调了以中国固有的道德和平做基础，而难免忽略了不同文明之间的对话和互鉴。

汤因比则进一步提出，未来的人类只有走向一个"世界国家"，才能避免民族国家的狭隘以及为追求狭隘国家利益而带来的冲突和灭亡。在他看来，人类社会要过渡到一个"世界国家"，只有具有"天下主义"传统的中国才能担当此任。他对中国文明在未来的作用给予了很高期望，认为中国不仅是2000多年来一直影响"半个世界"的中心，而且她将给整个世界"带来政治统一与和平的命运"。

与此相呼应，李约瑟还在自然科学领域充分阐释了中国文化的价值和意义。他宣称，就像本来是异教徒的保罗转而信仰基督教并成为"圣徒"一样，他自己也选择了信仰上的皈依，"命运使我以一种特殊的方式皈依到中国文化价值和中国文明这方面来"。1975年，李约瑟指出："我曾极力主张的是，今天保留下来的各个时代的中国文化、中国传统、中国社会的精神气质和中国人的事事物物，将对日后指引人类世界作出十分重要的贡献……我再一次说：要按东方见解行事。"1988年，在法国巴黎召开的一次世界性会议上，数十位诺贝尔奖获得者在达成共识的基础上，发出了与李约瑟相类似的呼吁：如果人类要在21世纪生存下去，必须回头2540年，去吸收孔子的智慧。

中国共产党历来强调树立世界眼光，积极学习借鉴世界各国人民创造的文明成果，并结合本国实际加以运用。中国5000年文明蕴藏着丰厚的文化财富，只要我们不断从传统中汲取养分，借鉴其他文明的成功经验，充分发挥中国文明的内在价值，就能够克服前进中的障碍，突破现代社会文明发展的困境，实现中华民族的伟大复兴。正是在此意义上，构建人类命运共同体顺应了历史和时代发展潮流，呼吁世界各国人民携手开创人类更加光明的未来，而"一带一路"则是实践人类命运共同体理念的重大倡议。

二战后，世界上的一个重要变化就是"地球越变越小"，全世界的人都息息相通、休戚相关。关心人类前途的人已经意识到，一个全球性的社会不能只有利害的层次，而没有道义的层次。人类社会需要一个有道义的新秩序。而道义这个要件正蕴藏在中国世代累积的经验宝库里。所谓构建人类命运共同体，就是强调每个民族、每个国家的前途命运都紧紧联系在一起。只有风雨同舟、荣辱与共，才能把世界各国人民对美好生活的向往真正变为现实。

三、时代演进：在处理"自我"与"他者"关系上，合作放在首位

民族精神是中华民族拥有不竭生命力的重要源头。在当代中国，以自强不息、厚德载物和与时俱进等为内核的民族精神为我们不断克服艰难险阻、焕发新的生机活力提供了强劲的动力。立足中国文化崇尚和谐的价值取向，在处理"自我"与"他者"关系的基本价值取向上，我们把谋求合作放在了首位。这显然与追求"制衡"的传统西方模式大相径庭。

当下我们所处的世界，相互之间的关联前所未有，面临的全球性

问题也是前所未有。习近平总书记指出，面对这种局势，人类有两种选择。一种是，人们为了争权夺利恶性竞争甚至兵戎相见，这很可能带来灾难性危机。另一种是，人们顺应时代发展潮流，齐心协力应对挑战，开展全球性协作，这就将为构建人类命运共同体创造有利条件。

构建人类命运共同体是应对时代之变的正确选择，具有实现的理论基础、政治基础及物质基础，但其作为一个历史过程，并不会一蹴而就，也不会一帆风顺，需要付出长期艰苦的努力。近年来，中国陆续提出包括"一带一路"倡议在内的各种方案，旨在超越西方中心霸权观，重建和平、平等及互利的国际新秩序。这是符合中国传统"和衷共济"的世界观，是构建人类命运共同体的基础之一。当前，全球秩序面临一个较长的崩解与重组时期，又可能迎来一个在经济、文化、宗教、族群等方面皆更能符合平等、互惠、多元、尊重、公正、发展等原则的新世界。面对这一契机，我们更有可能建构一个体现休戚与共与和而不同理念的全球新秩序。

事实上，全球治理体制变革正处在历史转折点上。新兴市场国家和一大批发展中国家快速发展，国际影响力不断增强，代表着近代以来国际力量对比中最具革命性的变化。现在，世界上的事情越来越需要各国共同商量着办，建立国际机制、遵守国际规则、追求国际正义成为多数国家的共识。很多问题不再局限于一国内部，很多挑战也不再是一国之力所能应对，全球性挑战需要各国通力合作。

全球治理体制变革离不开理念的引领。习近平总书记强调，全球治理规则体现更加公正合理的要求离不开对人类各种优秀文明成果的吸收。要推动全球治理理念创新发展，积极发掘中华文化中积极的处世之道和治理理念同当今时代的共鸣点，继续丰富打造人类命运共同体等主张，弘扬共商共建共享的全球治理理念。中国提出"一带一路"倡议、建立以合作共赢为核心的新型国际关系、坚持正确义利观、构建人类命运共同体等理念和举措，顺应时代潮流，符合各国利益，增加了中国同各国利益汇合点。2017年3月17日，联合国安理会一致通过第2344号决议，首次将"构建人类命运共同体"理念载入其中。可见，中国日益将治国理政思想和全球治理实践紧密结合，夯实构建人类命运共同体的理论、政治及物质基础。

构建人类命运共同体反映了一个开放进取的中国，体现了中国把自身前途命运同世界前途命运紧密联系在一起的自我定位。构建人类命运共同体必须正确应对文化差异、文化误读及文化霸权问题，要对人类共同关心的问题，如环境、气候、国际安全、现代化等，展开交流、研讨与合作。其中，特别需要考虑的是中国文化如何对世界文化繁荣与人类幸福作贡献，而不是生搬硬套西方思想来解释甚至规制中国的发展。

知名学者汤一介曾呼吁，要充分利用中国传统哲学资源来"创造新的哲学理论"，以应对当前人类社会面临的重大问题。今天，构建人类命运共同体比以往任何时候都需要理论创新和实践推进，要更自信地用中国智慧、中国方案为人类文明作出更大贡献。

载于《解放日报》2017年12月12日，第15版

构建人类命运共同体理念
引领时代潮流

李 文

中国社会科学院习近平新时代中国特色社会主义思想研究中心研究员

习近平总书记在党的十九大报告中强调:"坚持和平发展道路,推动构建人类命运共同体。"① 近年来,习近平总书记多次在国内外重要场合阐述构建人类命运共同体的重要思想。中国主张构建的人类命运共同体是由不同国家、不同民族组成的命运攸关、利益相连、相互依存的集合体。习近平总书记着眼于世界各国相互联系、全球命运休戚与共的发展大势,顺应和平、发展、合作、共赢的时代潮流,高瞻远瞩地提出构建人类命运共同体的重要思想,为促进世界和平与发展、解决人类社会共同面临的问题贡献了中国智慧和中国方案。

一、深刻揭示当今国际关系发展的特征和规律

当今世界正处在大发展大变革大调整时期,和平与发展仍然是时代主题,同时世界也存在诸多不稳定性不确定性。在这样的大背景下,习近平总书记科学把握当今世界发展的总体趋势,深刻揭示当今

---

① 《习近平:决胜全面建成小康社会 夺取新时代中国特色社会主义伟大胜利——在中国共产党第十九次全国代表大会上的报告》,新华社北京 2017 年 10 月 27 日电。

国际关系发展的特征和规律，提出构建人类命运共同体的重要思想，推动建设相互尊重、公平正义、合作共赢的新型国际关系，为各国抓住机遇共同发展、解决世界向何处去等问题提供了全新选择。

第二次世界大战结束后尤其是冷战结束以来，伴随世界多极化、经济全球化、文化多样化、社会信息化进程的加速，各国相互联系、相互依存的程度空前加深，世界格局随之发生调整和变革。各国的利益和命运更加紧密地联系在一起，越来越多的全球性问题与挑战需要各国通力合作来应对。世界不再是各国之间势不两立、相互博弈的角斗场，而是日益成为你中有我、我中有你的命运共同体。影响国际秩序的因素不再仅仅是从对立出发的权力对抗或权力制衡，国家间你输我赢、你兴我衰的零和博弈开始转变为主要依靠制度规则来协调相互关系，合作共赢成为许多国家认可的处理相互关系的准则。越来越多的国家参与到国际规则和国际秩序的建设中来。同时，一大批新兴市场国家和发展中国家走上发展快车道，多个发展中心在世界各地区逐渐形成，国际力量对比继续朝着有利于世界和平与发展的方向发展。

面对新的世界形势和发展态势，西方传统国际关系理论越来越不合时宜，单边主义、结盟主义、地区主义、霸权主义等陈旧思维对世界和平与稳定的消极影响越来越突出。新时代需要新智慧，新变化呼唤新思想。国际社会对变革全球治理理念的呼声越来越高。

构建人类命运共同体理念正是顺应时代呼声和世界潮流的新思想。它体现了中国共产党对新的历史时期世界发展性质、特征和趋势，尤其是世界格局新情况、新问题的判断、阐释和预见，回答了"世界向何处去，如何建设这个世界"等重大问题，是对世界各国人民推动和平与发展这一崇高事业所取得实践经验的科学概括和理论升华。构建人类命运共同体理念的产生标志着人类对自身历史的把握、对现实世界的认识、对未来发展的探索都达到了一个新高度,必将对世界和平与发展起到巨大推动作用。

二、促进构建平等相待、互商互谅的伙伴关系

要和平不要战争是各国人民朴素真实的愿望,建设一个持久和平的世界是构建人类命运共同体的重要目标。实现这样的愿望和目标,需要国家之间构建起平等相待、互商互谅的伙伴关系。党的十九大报告指出:"要相互尊重、平等协商,坚决摒弃冷战思维和强权政治,走对话而不对抗、结伴而不结盟的国与国交往新路。"①

结盟立足于冲突对抗,结伴立足于合作共赢。在国际关系史上,传统的结盟关系具有控制与受控的不平等色彩和对其他国家或国家集团的排斥性与敌对性。旧的国际关系中的力量分化组合在很大程度上通过结盟来完成。由于结盟几乎无一例外地针对其他国家,因而很容易将国际关系带入分裂对抗的冲突中。随着人类社会的发展进步,强权政治日益不得人心,这种逻辑应当并且已经逐渐被打破。一国的影响力固然与其经济、政治、军事实力有关,但其所持外交理念是否公平正义也是重要因素。只有坚持国家间不结盟,才能秉持公道正义的理念平等相待。只有主张国家不分大小、强弱、贫富都是国际社会平等一员,不搞远近亲疏、拉帮结派,才能真正做到按照事情本身的是非曲直判断和处理国际事务,减少冲突对抗的发生。

近年来,中国提出摒弃对立、对抗因素,推进大国协调与合作,按照亲诚惠容理念和与邻为善、以邻为伴周边外交方针深化同周边国

---

① 《习近平:决胜全面建成小康社会 夺取新时代中国特色社会主义伟大胜利——在中国共产党第十九次全国代表大会上的报告》,新华社北京 2017 年 10 月 27 日电。

家关系，秉持正确义利观和真实亲诚理念加强同发展中国家团结合作，积极构建不针对第三方的更具平等性、包容性和建设性的伙伴关系，这些主张和做法得到越来越多国家的认同。习近平主席在越南岘港举行的亚太经合组织工商领导人峰会上发表主旨演讲指出，中国将秉持正确义利观，积极发展全球伙伴关系，扩大同各国的利益汇合点，推动建设相互尊重、公平正义、合作共赢的新型国际关系。中国在主要大国中率先把建立伙伴关系确定为国家间交往的指导原则，已同100个左右国家、地区和地区组织建立了不同形式的伙伴关系，初步构建起遍布全球的伙伴关系网络，在建立平等相待、互商互谅的伙伴关系方面起到了示范带动作用。

中国扩大同各国的利益交汇点，努力构建总体稳定、均衡发展的大国关系框架，成就有目共睹。中国积极同美国发展新型大国关系。2017年11月9日，习近平主席在同美国总统特朗普举行会谈时强调，中美关系正处在新的历史起点上。中方愿同美方一道，相互尊重、互利互惠，聚焦合作、管控分歧，给两国人民带来更多获得感，给地区及世界人民带来更多获得感。中国高度重视并不断拓展与俄罗斯的共同利益，许多领域的合作取得进展与突破，中俄全面战略协作伙伴关系稳步向前发展。同时，中国务实推进同欧洲发展和平、增长、改革、文明伙伴关系，同金砖国家发展团结合作的伙伴关系。

中国按照亲诚惠容理念和与邻为善、以邻为伴周边外交方针深化同周边国家的关系。五年来，习近平主席的出访足迹遍布东南亚、南亚、中亚、东北亚。与此同时，周边国家领导人纷纷应邀来华访问，与中国领导人频繁互动。中国提出中国－东盟"2+7合作框架"，建立澜沧江－湄公河合作机制，推动中国－东盟关系从成长期迈向成熟期；同所有中亚国家建立战略伙伴关系；与南亚国家合作显著加强。中国同周边国家关系站在了新的历史起点上。

三、推动解决世界发展不平衡问题

近年来，新兴经济体成为世界经济增长的重要引擎。一些国家实现了经济较快增长，人均 GDP 水平大幅提升。尽管如此，全球南北经济发展水平的差距并没有从根本上改变。2013 年，发达国家人均 GDP 达到 40 186 美元，相当于发展中国家平均水平的 8.2 倍。世界经济发展不平衡构成当今世界经济复苏乏力、局部冲突和动荡频发、全球性问题加剧的主要经济根源，保障发展中国家的发展权利和发展环境仍然是一项长期任务。

对于许多国家来说，发展都是第一要务。人类命运共同体理念体现的正是各国共同发展理念。各国要增强发展能力，归根到底要靠本国自身努力，根据自身禀赋特点探索适合本国国情的发展道路。然而，西方国家一些人士认为，西方发展道路是世界上所有国家现代化的必由之路，资本主义政治、经济、社会制度适用于西方国家，也同样适用于其他国家和地区。一些发展中国家看到西方国家的发展成果，就直接学习西方的经济、政治制度，但在实践中不仅没有解决自身发展问题，反而导致社会矛盾增多、社会秩序混乱。一些西方国家在全球范围强行推广自身价值观和社会制度，肆意干涉别国内政，更使许多国家和地区深陷动荡、冲突、战争的泥潭。

习近平总书记在党的十九大报告中指出："世界上没有完全相同的政治制度模式，政治制度不能脱离特定社会政治条件和历史文化传统来抽象评判，不能定于一尊，不能生搬硬套外国政治制度模式。"① 正如一棵大树上没有完全相同的两片树叶一样，天下没有放之四海而皆准的经验，也没有一成不变的发展模式。中国承认和尊重世界文明多样性，主张一个国家的发展道路合不合适，只有这个国家的人民才最能作出判断和抉择。在对外交往中，中国坚定奉行独立自主的和平外交政策，尊重各国人民自主选择发展道路的权利，维护国际公平正义，反对把自己的意志强加于人，反对干涉别国内政，反对以强凌弱，更不会诱导或强迫别国屈服于自己的意志。

中国特色社会主义道路的成功，拓展了发展中国家走向现代化的途径，给世界上那些既希望加快发展又希望保持自身独立性的国家和民族提供了新的选择。中国特色社会主义的成功实践体现了发展道路的多样性，证明西方资本主义政治、经济、社会制度的合理性只能限定于特定地域和特定历史时期。中国特色社会主义道路启发世界上越来越多的国家选择适合本国国情的发展模式，走自己的发展道路。广大发展中国家的经济活力持续增强，为世界经济发展注入新动力。同时，构建人类命运共同体理念的影响日益广泛，不同制度、不同类型、不同发展阶段的国家相互依赖和利益交融明显加深，互相提供发展机会，开展全方位、多层次的互利共赢合作，给世界和平、安全、稳定与发展带来更多机遇。世界上越来越多的国家认同和加入合作共赢发展之中，着力共建国际机制、改革国际规则、实现国际正义，推动国际秩序朝着更加公正合理的方向发展。

载于《人民日报》2018 年 3 月 13 日，第 7 版

---

① 《习近平：决胜全面建成小康社会 夺取新时代中国特色社会主义伟大胜利——在中国共产党第十九次全国代表大会上的报告》，新华社北京 2017 年 10 月 27 日电。

人类命运共同体理念具有国际道义优势

谌园庭

中国社会科学院拉丁美洲研究所副研究员

日前,由中国共产党举办、各国共产党参加的纪念马克思诞辰200周年专题研讨会在深圳开幕。习近平总书记在贺信中指出,我们愿同包括共产党在内的世界各国政党和政治组织一道,加强对话、深化交流、开展合作,为推动构建人类命运共同体、建设更加美好的世界贡献智慧和力量。

党的十八大以来,习近平总书记多次在国内外重要场合阐释人类命运共同体理念,逐步形成了比较系统的人类命运共同体理念。人类命运共同体理念为当今动荡、纷扰的国际形势提供了一份深具中国智慧的解题思路。这一思想与中国历史文化传统中独特的天下情怀一脉相承,也是儒家文化所倡导的"老吾老以及人之老,幼吾幼以及人之幼"思想内核的现代延伸。它的要义在于,不仅中国人民必须过上安居乐业、繁荣富足的生活,而且世界上其他国家的人民同样应该幸福、尊严地生活。这一理念不仅具有崇高的道义力量和深厚的理论底蕴,而且为处理国际事务提供了独特而强劲的新思路,从而成为实现世界持久和平与永续发展的思想纲领。

人类命运共同体理念具有崇高的国际道义力量与道义优势,一经提出就显示出强大的生命力。经过近年来广泛的国际传播,该理念与生俱来的威力日益凸显,得到了世界各地越来越多有识之士的认同。

毋庸讳言，近现代以来维持国际秩序运转、指导国际问题解决思路的是西方国家的思想理念。西方理念既推动了世界现代化和全球化进程，促进了全球各地人民之间的交流往来，但同时也给世界带来了一系列弊端和深刻裂痕。迄今为止仍然流行的强权政治对经济落后、实力弱小的国家而言，常常是一种灾难。强权政治具有十分明显的丛林法则痕迹，不该也不能听任其成为当代文明世界处理国际事务的基本规则。

西方政治文化中黑白二分的思维定式把世界划分为我者与他者的二分视角，从根本上分裂了世界，成为当代国际关系中一系列矛盾和纷争的思维根源。然而，人类命运共同体理念秉持"天下一家亲""太平世界，环球同此凉热"等基本观点，认为各国可以通过合作实现互利共赢。而且，人类所面临的一系列全球性挑战必须在各国的共同参与下才能得到有效解决。显然，人类命运共同体理念具有更大的格局和更强的包容性，具有明显的国际道义优势。

首先，人类命运共同体理念具有深厚的理论底蕴。它是对当代中国外交原则与实践的继承和发展。多年来，中国一直在国际社会中坚持和倡导和平共处五项原则，并在此基础上发展同各国的友好合作关系。人类命运共同体理念在坚持国家主权以及大小国家一律平等的原则基础上，主张国际社会共同推动建设相互尊重、公平正义、合作共赢的新型国际关系，并且通过各国的互利合作形成利益相依、理念共享的美好图景。

其次，它是对中国优秀文化历史传统的继承与超越。中华民族的传统文化从个体的修身出发，推己及人，形成了家国天下一体同视的特殊情怀，提出了诸如天下大同、协和万邦等正能量的观念。人类命运共同体理念在继承中国古代圣贤相关论述的基础上，提出建设持久和平、普遍安全、共同繁荣、开放包容、清洁美丽的世界。这些理念符合中国的利益,同样也符合世界各国的共同利益。它表明,随着中国经济的大幅进步和国家能力的不断提升,中国开始更多地考虑自身的大国责任。这也正是中华传统文化中"穷则独善其身,达则兼济天下"的现代诠释。

再次,它是对西方国际关系理论的扬弃与超越。西方国际关系理论关于国家主权原则对于国际秩序稳定的重要意义、相互依赖,对国际冲突与合作的影响等命题的讨论,对人类命运共同体理念具有重要的启发。然而,人类命运共同体理念反对诸如霸权稳定论、两极均势理论等一切形式的强权政治理论,强调各国利益休戚与共,国际事务不能由少数国家包办,并且多年来大力倡导互利共赢、共同发展的外交理念。

最后,人类命运共同体理念可以为陷入僵局的国际难题提供解决思路。近年来,人类生活的"地球村"逐渐进入大变革与大调整的新时期。一方面,世界经济增长乏力,国际政治博弈却更加激烈、复杂与隐蔽;另一方面,世界范围内的局部冲突时有发生,极端主义思想不断蔓延,传统安全与非传统安全威胁交替升温并趋于常态化。这些现象表明,当今人类在解决强权政治、局部战争、军备竞赛等老问题方面尚未找到有效办法,然而国际恐怖主义、地区难民危机、全球气候变暖与生态环境恶化等新问题却层出不穷。这些新老问题相互渗透、相互转化、彼此交织,任何国家对此都难以独善其身、置身事外。

人类社会亟须找到破解全球事务中各种矛盾与难题的新思路与新方案。然而,一方面,长期以来占据国际政治权力格局顶端的西方国家自顾不暇,无力承担领导国际社会走出困局的重任;另一方面,由西方国家主导的现行全球治理体系和治理思路出现了明显的失灵迹象。人类命运共同体理念的提出恰逢其时，顺应了历史潮流和时代要求，不仅可以为陷入僵局的国际热点、难点问题及各类国际政治纷争提供解决方案，而且可以为那些困扰人类永续发展、世界持久和平的症结提供解决思路。

载于《光明日报》2018年6月1日，第2版

人类命运共同体为全球治理提供中国方案

黄 平

中国社会科学院台港澳研究中心主任，香港中国学术研究院常务副院长、研究员

从百年未有的世界变局和民族复兴的战略全局着眼，习近平总书记提出了构建人类命运共同体的重要思想。共建人类命运共同体是当代中国对促进世界和平发展和全球治理提供的中国方案。2018年，"推动构建人类命运共同体"写入宪法序言部分。这一凝聚着东方智慧的理念被赋予全新含义，表达出中国将携手世界各国为之奋斗的坚定意志。

一、中国坚持走和平发展道路

一个和平的国际环境将有利于实现中国"两个一百年"奋斗目标，有利于实现中华民族伟大复兴中国梦。和平与发展是一个铜板的两面：一方面，没有发展为基础和动力，中国和世界都不可能实现持久和平；另一方面，如果没有和平，中国和世界也不可能实现可持续发展。这也是中国要坚定不移走和平发展道路的深刻道理之所在——和平保证发展，发展促进和平。

新中国成立70年来走过的历程带来的深刻启示是：只有坚定不移走和平发展道路，才能切实推进实现人民幸福和民族复兴的伟大进

程，也才能为世界和平和繁荣作出中国应有的贡献，为消弭全球治理赤字提供中国方案。

从新中国成立70年的历史脉络看，中国坚持走和平发展道路既一以贯之，又来之不易。新中国成立初期，中国走上谋和平、求发展的道路。面对冷战，新中国代表团1955年出席亚非万隆会议时，中国所倡导的和平共处五项原则获得了普遍认同，其精神写入《关于促进世界和平与合作的宣言》。和平共处五项原则不仅成为中国奉行独立自主和平外交政策的基础，而且也被世界上绝大多数国家接受，成为处理国际关系的准则和维护世界和平的基础。

改革开放之初，中国明确提出和平与发展是当今世界两大主题，并由此提出中国可以在一个相对和平的国际环境下，坚持以经济建设为中心、致力于发展生产力和提高人民生活水平的发展战略。"冷战"结束后，中国更加积极主动顺应时代发展潮流，进一步深化改革，扩大对外开放，实现中国人民从站起来到富起来的历史飞跃。中国以极短的时间和极小的代价，在庞大的人口规模和薄弱的物质基础上取得了如此巨大的成就，是人类历史上第一例。

中国特色社会主义进入新时代，随着中国经济社会快速发展和综合国力显著提升，以习近平同志为核心的党中央再次明确提出，要始终坚定不移地走和平发展道路，引领中国从富起来走向强起来。党的十九大报告强调，坚持和平发展道路，推动构建人类命运共同体。和平发展道路是一条和平与发展相互依存、内政与外交有机统一、本国利益与人类利益交互结合的新型发展道路；构建新型国际关系和人类命运共同体，是国际关系史和国际关系理论上的一大创举，也是人类社会发展史上的一大进步和社会发展理论的一大创新。

从建国初期提出和平共处五项原则，到改革开放之初作出和平与发展是当今世界两大主题的判断，再到重申并强调中国坚定不移走和平发展道路，推动构建人类命运共同体，其基本原则和价值取向从未动摇，并且始终在继承中发展，在发展中创新。

这既是历史的选择，也是现实的选择，更是价值的选择。

纵观世界近代历史，西方列强通过武力对外侵略扩张，按照"丛林法则"与"零和博弈"实现自身利益最大化，使1840年后的中国饱尝被侵略被掠夺之苦，"百年魔怪舞翩跹"。1949年新中国成立后，中国确立和践行独立自主的和平外交政策，提出和平共处五项原则，作出永不称霸、永不扩张、永远不搞势力范围的承诺，推动构建人类命运共同体——中国始终是维护世界和平的中坚力量，努力推动全球治理体系朝着更加公正合理的方向发展。这既是从近代历史中得到的深刻教训，也是历史赋予中国的世界定位。

中国坚定不移地走和平发展道路，与各国携手构建人类命运共同体，是基于中国国情和国家根本利益的现实选择。新中国成立之初，底子薄、基础差、资源分布不均，和平的外部环境是聚焦国内发展的必要条件。经过70年的努力奋斗和40多年的改革开放，中华民族实现了从站起来、富起来到强起来的伟大飞跃，与各国携手推进国际治理体系改革，推动构建人类命运共同体，是时代的选择。

中国不仅是当今世界最大的社会主义国家，也是最大的发展中国家，还是延续了几千年历史的文明古国。中国人向来讲究"和而不同"，追求"天下大同"，"丛林法则""零和博弈"不是中国的价值选项。从新中国70年的历程看，中国始终坚持国家不分大小一律平等；从中华文明的历史沿革看，侵略、掠夺、欺凌他人从来不是中国的文化血脉和基因，中华文化坚持"己所不欲、勿施于人"的价值理念，代表着"多元一体、和而不同""美人之美、美美与共"的价值追求。

二、中国的发展带给世界的是机遇

毛泽东同志曾提出，中国应当对于人类有较大贡献。新中国成立以来，中国既是这样说的，也是这样做的。70年来，中国不仅没有侵占别国一寸土地，也从来没有以殖民和掠夺方式开展经贸往来。在以习近平同志为核心的党中央领导下，中国迎难而上、积极作为、敢于担当、主动担当，为推动人类社会发展进步、探索建设更加美好的世界砥砺奋斗、不懈探索。

近代以来的世界历史充满了战争、侵略、掠夺、不平等规则和不公正交易，其背后是丛林法则、零和博弈、强者更强、赢者通吃的逻辑。两次世界大战后，人们痛定思痛，形成联合国等国际组织和以联合国宪章宗旨原则为基础的世界秩序。但战后新的国际关系格局没能防止持续近半个世纪的"冷战"，局部战争和地区冲突时有发生。现有国际组织和现行国际秩序需要进行改革以发挥更有效作用。

对世界上很多国家和地区来说，发展都是第一要务，和平都是第一保障。中国积极主张各国根据自身禀赋特点制定适合本国国情的发展战略。一方面提供力所能及的帮助，欢迎各国人民搭乘中国发展的"快车""便车"，让中国发展成果更多惠及各国人民；另一方面积极推动全球治理体系变革，为世界经济全面可持续增长提供新动力，为世界持久和平提供新保障。

中国共产党是为中国人民谋幸福的政党，也是为人类进步事业而奋斗的政党。中国共产党始终把为人类做出新的更大的贡献作为自己的使命。坚持和发展中国特色社会主义所展现的中国方案，客观上给世界上那些既希望加快发展又希望保持自身独立性的国家和民族提供了新的可参照的发展路径选择。今天，中国正日益走近世界舞台中央，并不断为人类的和平与发展作出更大贡献。当中国实现"两个一百年"奋斗目标，实现中华民族伟大复兴中国梦的时候，中国对全人类的贡献还将更加彰显。

三、全球治理的中国方案

党的十八大以来，在以习近平同志为核心的党中央坚强领导下，中国冷静应对国际形势发生的复杂深刻变化，妥善处理各种风险、化解各种危机，坚定维护国家根本利益，深入拓展友好合作，积极展现大国担当，敢于坚持原则，坚决反对和抵制霸权主义，开创了中国特色大国外交新局面。

面对不断蔓延的保护主义、单边主义，中国坚持历史发展的正确方向，高举和平、合作的大旗，坚定捍卫多边主义和自由贸易，推动全球治理体系朝着更加公正合理的方向发展，成为维护世界和平的中流砥柱。在不同的重要国际场合，中国始终旗帜鲜明地反对各种形式的保护主义和单边主义，呼吁坚定维护以联合国宪章宗旨和原则为核心的国际秩序和国际体系，引导有关会晤形成一系列具有开创性、引领性、机制性的成果，体现中国作为负责任大国的世界担当，为充满不确定性的国际变局注入正能量，带来新希望。

当今世界面临众多严峻的问题和挑战，特别是经济全球化遭遇逆流，世界经济长期低迷，发展鸿沟日益突出，分配不公随处可见，地区冲突频繁发生，恐怖主义、极端主义等全球性挑战此起彼伏，民粹主义、保守主义等各种社会政治思潮交锋激荡。习近平总书记提出的构建新型国际关系和构建人类命运共同体切实回应了世界的共同关切和普遍担忧，实际上提出了中国的全球观、治理观、义利观，其要义是要发展不要贫穷、要和平不要战争、要合作不要对抗、要共赢不要独霸。中国敢于直面当今世界存在的种种难题、挑战、危机和风险，敢于直面人们心中的各种困惑与迷茫，这为世界发展和人类未来前行方向提供了大智慧、新思想。

中国坚持相互尊重、平等协商，坚持以对话解决争端、以协商化解分歧，主张通过合作与协作，统筹应对各种非传统安全威胁，坚决反对一切形式的恐怖主义和霸权主义。

中国坚持同舟共济、互利共赢，积极促进贸易和投资自由化便利化，推动经济全球化朝着更加开放、包容、普惠、平衡、共赢的方向发展，坚决反对各种形式的贸易保护主义和霸凌行径，坚决反对单边主义，积极维护多边主义，推进多边治理体系改革。

中国坚持尊重世界文明多样性，以文明交流超越文明隔阂，以文明互鉴超越文明冲突，以文明共存超越文明优越，最终实现和而不同、多元一体。不同文化与文明间共生共存、彼此互补，不能人为地带着偏见和傲慢判定优劣高低。

中国坚持环境友好，积极主张和坚持通过合作共同应对环境污染、生态破坏和气候变化，保护好人类赖以生存的共同家园，还自然以宁静、和谐、美丽，还社会以平和、信任、友谊。

中国不仅积极倡导构建人类命运共同体，而且身体力行、率先垂范。提出"一带一路"倡议并积极推动相关具体项目落地生根、开花结果就是一个生动实例。"一带一路"建设正逐步实现与各国政策和发展战略的对接，深化彼此务实合作，开辟互利共赢的新方式、新路径，从而为国际关系逐步从利益共同体、责任共同体走向命运共同体展示了一个鲜活的事例、开启了一条崭新的道路。

当今中国已经从站起来走向富起来、强起来，尽管有人不愿意看见中国发展壮大，有的甚至想对中国搞"新冷战"，但是中华民族伟大复兴已是时代之势，时势不可违、大势不可挡。前进的路上还会有许多"陷阱"、风险，可能还会出现各种"黑天鹅""灰犀牛"，还一定会有许多新的伟大斗争。习近平总书记提出人类命运共同体理念和构建新型国际关系的重要理念，既是对我国70年外交优良传统的继承发展，对党的十八大以来中国外交实践的提炼升华，也是对当今世界出现的失序、失范提出的一种新的解决之道，为中国克服"国强必霸"的旧逻辑、超越"修昔底德陷阱"的旧思维提供了重要的理论依据和实践遵循。

在中国共产党的坚强领导下，在实现中华民族伟大复兴的历史进程中，中国人民将与世界各国人民一道共建人类命运共同体。中国共产党秉持大家一起发展才是真发展、可持续发展才是好发展的理念，坚持你好我好大家好，努力实现发展成果由各国共享……随着中国稳健前行，这些崭新理念带来的美好愿景必将实现。

载于《红旗文稿》2019年第20期

在抗击疫情的国际合作中坚定不移推进人类命运共同体建设

苏长和

复旦大学国际关系与公共事务学院院长、教授

新冠肺炎疫情是近百年来对人类威胁最大的一次流行性病毒疫情，也是对国际合作和全球治理的一次重大考验。自二战结束以来，还没有一个事件像这次疫情一样，使得世界各国如此深切地感受到彼此休戚相关、命运与共，习近平总书记提出的人类命运共同体理念在这次国际抗击疫情中得到广泛认同和响应。疫情发生以来，中国极力倡导和推进国际合作，为各国应对疫情提供有力支持，充分展现负责任大国担当，与世界各国携手谱写了构建人类命运共同体的新篇章。

一、抗击疫情凸显构建人类命运共同体的重要性和紧迫性

今天的世界，人类社会正以前所未有的方式紧密地联系在一起，世界互联互通的发展极大地释放了社会生产力，各国处于你中有我、我中有你的共生状态之中。在一个相互依存的世界中，人类发展的整体利益和各国面临的共同利益日益增加，人类命运与共的意识从来没有像今天这样强烈。正是顺应世界历史发展的这一趋势和潮流，习近平主席在2013年首次出访期间，面向世界提出了人类命运共同体理念，七年来这一理念得到国际社会各方的积极响应。

面对和解决恐怖主义、网络信息安全、核安全、金融风险、环境、难民、自然灾害等问题时，只有树立人类命运共同体意识和采取合作应对的措施，才是解决这类问题的正确之道。来势凶猛的新冠肺炎疫情更加凸显构建人类命运共同体的重要性和紧迫性。这次疫情在很短的时间内迅速波及200多个国家和地区，截至4月28日，全世界确诊病例超过300万，成为一场影响广泛的全球性公共卫生危机。病毒扩散性和渗透性的性质增加了各国独自防控的难度；各国之间相互联系如此之深，使得疫情的最终控制不再取决于某个国家的防控效果，而取决于世界整体的防控效果。

疫情折射出国际政治的生态，反映出新旧两种不同的世界观。旧国际关系中对立对抗、自我利益至上、为了本国利益而牺牲别国利益、将本国发展建立在别国不发展前提下的观念和相应对策，均无助于迅速有效抗击疫情。无论是面对这次疫情，还是面对其他全球性共同问题，世界都迫切需要新的世界观和全球治理方案，来解决全球治理赤字难题。人类命运共同体就是中国在世界生产方式和交往方式发生巨大变革的背景下，为各国共同面临的问题提供的全球治理方案。在疫情冲击之下，人们更加意识到人类社会是休戚与共的命运共同体，重大传染性疾病防控和全球公共卫生应急管理需要凝聚全人类的智慧与力量，构建人类命运共同体迫在眉睫。尽管个别国家仍然沉迷于旧国际关系的冷战思维，妨碍国际抗疫合作，但是这种思维只代表着国际关系的逆流而不是主流。美国库恩基金会主席罗伯特·劳伦斯·库恩在评论人类命运共同体理念的重要性时指出，在我们这个动荡的时代，远见至关重要，人类命运共同体理念富有远见，内涵深刻，"在各国抗疫的当下，为世界提供了急需的新思维方式，传达了巨大的希望"。

二、国际合作是战胜疫情的唯一出路

人类命运共同体理念本质上是一种合作共赢思维,为构建新型国际关系和促进全球治理提出了有效方案,也为当前全球抗击疫情指明了行动方向。

面对疫情在世界的扩散,国际上一度出现与国际合作潮流相背离的论调和行为。但是人们最终认识到,国际合作与各自为战相比,对国际社会利大于弊,只有合作才能共赢。欧盟委员会主席冯德莱恩2020年4月2日在意大利《共和国报》刊登文章,对欧盟内部没有及时采取联合抗疫进行了坦诚的反思,承认在危机初期需要欧盟统一应对时,许多国家只顾自己。随着疫情的迅速扩散,联合国、世界卫生组织和二十国集团领导人峰会等多边机制以及越来越多的国家,愈加意识到团结互助的重要性,通过国际合作共同抗击疫情逐渐成为国际舆论的主流。其间,世界卫生组织作为国际卫生领域最权威最专业的机构,为协调世界范围内的抗疫斗争和防疫合作作出了巨大的努力。在病毒这一人类共同威胁的影响下,代表构建新型国际关系和人类命运共同体的共同价值观之一的"团结",成为国际社会使用频率最高的一个词。这也是冷战结束以来,国际社会第一次如此深刻地意识到"团结"价值观对维系国际秩序的重要意义。

疫情在全世界的肆虐蔓延,既是对各国内部治理体系和治理能力的一次检验,也是对国际合作机制和全球治理体系的一次考验。有传染病专家指出,全球疫情防控胜败,不取决于控制得最好的国家,也不取决于控制得最早的国家,而是取决于国际社会的整体疫情防控做得怎么样。疫情对近年来国际关系中出现的反多边主义、退出国际合作机制、排他性外交政策的观点和行为敲响了警钟。多边主义、人类命运共同体理念和国际合作机制是全球治理体系的支柱。尽管一些全球治理机制存在问题，与构建人类命运共同体的需求还存在差距，但是简单予以否定或者退出，只破不立，并不是建设性的办法，正确的做法是通过共商、共建、共享的方式，改革既有合作机制中不合理的成分，建设解决新问题的新合作机制。在当前国际合作抗击疫情过程中，各国各方提出了越来越多的治理方案，国际组织以及负责任大国更应该未雨绸缪，扩大合作成果，逐步将有效方案机制化，推进新型国际关系和人类命运共同体各个层次和领域的保障机制建设。

三、中国以实际行动践行人类命运共同体理念

新冠肺炎疫情发生以来，中国始终秉持并践行人类命运共同体理念，为国际合作抗击疫情贡献中国力量。习近平主席在二十国集团领导人应对新冠肺炎特别峰会上强调，国际社会最需要的是坚定信心、齐心协力、团结应对，携手赢得这场人类同重大传染性疾病的斗争。中方秉持人类命运共同体理念，并向出现疫情扩散的国家提供力所能及的援助，为世界经济稳定作出贡献。中国在这次疫情中承受巨大牺牲，与世界各国人民团结协作、共战病毒，体现了中国共产党这样一个世界大党，中国这样一个负责任大国，以及热爱和平的中国人民，在构建人类命运共同体中的主动作为与积极担当。

中国将国内防控和国际防控两个大局统筹起来，始终认为做好本国疫情的防控与积极参加、支持和组织国际抗疫合作是不能分割的，这反映了全球公共卫生治理、建设人类命运共同体所必需的整体治理思维。疫情发生以来，习近平总书记亲自指挥和部署中国国内的疫情

防控，采取了最全面、最严格、最彻底的防控举措，在最短时间里构建起全民动员、联防联控、公开透明的防控体系，成为世界上率先控制住国内疫情的国家之一。联合国秘书长古特雷斯在评价中国的防控举措时说，中国人民为了尽量减轻新冠肺炎所造成的负面影响，实施严格的防控措施，以牺牲正常生活的方式为全人类作出贡献。

习近平总书记指出，加强疫情防控国际合作是发挥我国负责任大国作用、推动构建人类命运共同体的重要体现。中国一直与国际组织和其他国家保持沟通，本着公开、透明、负责任的态度，及时分享疫情防控关键信息，毫无保留地同世界卫生组织和国际社会分享防控、治疗经验。中国第一时间向全球分享病毒全基因序列信息，开设向所有国家开放的新冠肺炎疫情防控网上知识中心，与全球180多个国家、10多个全球性和区域性国际组织分享疫情防控和诊疗方案。在国内仍然面临艰巨防控任务和医护资源紧张的情况下，仍在力所能及范围内积极开展对外援助与合作，向世界140多个国家和国际组织支援了医疗队或医疗防护物资。中国支持、支援其他国家和国际组织抗击疫情的举措，体现了国际人道主义精神，诠释了人类命运共同体的要义。

中国重视并支持将国际抗击疫情的举措机制化、常态化，为人类命运共同体逐步构建坚实的体制机制保障。中国竭力维护国际社会的团结，坚决支持世界卫生组织在这场世界抗疫行动中发挥领导作用，积极在各种国际场合呼吁国际多边合作，搭建全球公共卫生合作平台，交流疫情防控经验。2022年3月26日，习近平主席在北京出席二十国集团领导人特别峰会并发表题为《携手抗疫 共克时艰》的重要讲话，发起二十国集团抗疫援助倡议，支持开展有效国际联防联控行动，提出探讨建立区域公共卫生应急联络机制的必要性，适时举办全球公共卫生安全高级别会议。疫情对公共卫生基础设施薄弱的发展中国家造成的危害更严重，中国在双边和多边场合呼吁国际社会携手帮助发展中国家提高应对能力，并身体力行扩大对发展中国家的对口医疗援助范围。中国高瞻远瞩的倡议和实实在在的行动有力地践行了人类命运共同体理念。

人类面对像新冠肺炎病毒这样的共同威胁不是第一次，也不会是最后一次。我们坚信，只要世界各国团结一心，精诚合作，人类一定能够经受住这次疫情带来的考验与洗礼。国际合作的举措越多，国际合作的能力越强，国际社会离构建新型国际关系和人类命运共同体这个目标就越近一步。

载于《红旗文稿》2020 年第 9 期

第四篇 人类命运共同体——路径与践行

推动构建人类命运共同体理念下的新型政党关系

郑长忠

复旦大学政党建设与国家发展研究中心主任

2017年11月30日至12月3日,以"构建人类命运共同体、共同建设美好世界:政党的责任"为主题的中国共产党与世界政党高层对话会在北京召开。中共中央总书记习近平在开幕式上发表了主旨讲话,对人类命运共同体内涵以及构建思路作了进一步阐述,提出在新型国际关系的基础上建立求同存异、相互尊重、互学互鉴的新型政党关系,汇聚构建人类命运共同体的强大力量。新型政党关系的建立不仅将对政党自身产生重要影响,也将为新型国际关系的构建注入新的动力。

一、人类命运共同体理念成为构建新型国际关系的逻辑起点

传统的国际关系是以民族国家为基础的,以政府的外交活动为主导,通过刚性的、直接的利益博弈达成共识或均势,形成国际体系。这种国际体系具有典型的西方特色,可以说是近代以来欧洲国家间关系的扩大版。这种体系主观上是以赢得本国利益为出发点,其背后是基于个体利益的契约逻辑,是以西方的价值观为基础的。这种西方式的逻辑为现代国家和现代文明的发展作出过重要贡献,虽然期间也伴

随着无数的战争与灾难。如今，这种体系仍然是国家间基本秩序的构建基础，由此形成的国际机制和国际组织也都比较完善。但正因为它的逻辑起点是本国利益，于是当美国的利益无法在既有的体系中实现时，它又试图重构体系。

西方式的国际体系尽管有其贡献，但存在明显的不足。比如，两次世界大战就是其缺陷的集中爆发，又如基于核威慑而达成的均势也有明显的脆弱性。历史发展不会止步于此，当人们在思考有没有其他更好的方式可以补其不足时，中国提出构建人类命运共同体的概念和范式可能成为重塑国际关系的一个新的逻辑起点。它着眼于人类整体的发展和全球的发展来安排国与国之间的利益关系，这就具有典型的中国式逻辑，即集体主义的逻辑。

任何共同体的建构都存在个体发展与整体发展之间的张力，对于张力的安排究竟基于个体出发还是整体出发，就决定了个人主义和集体主义的价值选择和利益诉求。人类命运共同体所引领的价值观的转变，既包含社会主义和共产主义的逻辑，也更具有中国的传统观念，即义利兼顾，以义为先。在处理国际关系时，以个人的得失作为考量、对弱者采取强权能否转化为将人类整体发展和国与国之间的共赢作为行动基础，这就取决于基本逻辑的转变能否实现。

如今随着网络社会的生成和全球化弊端的加剧，任何国家都摆脱不了整体的变化对国家命运的约束，于是就需要整体范式的转变。这种逻辑范式的转变一定会有一个首提者，在政治层面上，中国是构建人类命运共同体这一命题的首提者，它是在中国得到实践，并成为中国的外交理念和方针，也是在中国发展到一定阶段后，对人类的共同命运所应担负的重大责任。以义为先并不是不讲"利"，而是要使双方都能得利，这才称之为"义"，因此要确保尊重各国自身的特殊国情和利益诉求，最终这也是符合中国自身利益的重大选择。

二、政党是凝聚人类命运共同体共识的组织力量

中国提出构建人类命运共同体这一命题之后，随之而来的问题在于，这一转变是涉及范式的转换、逻辑起点的转换、诉求的变化及内容的安排等一系列问题的迭代，而外界很可能无法准确地理解这种转变和迭代背后的涵义。人的行为总会遵从一定的路径依赖，如今的这套国际关系的逻辑是在数百年的实践运转中形成的，而要让人们重新理解一种新的逻辑范式显然是困难的。因此，沟通观念并在认识上形成共识，就需要有相应机制的支持。事实上，超越以政府为基础的国际关系的观念，在全球治理的背景下就已提出，并不是中国的首创。但在全球治理中所强调的政府之外的力量，更多的还是指国际组织和非政府组织，政党仍然被认为是在国家内部发挥作用。然而，这种全球治理的观念依然是基于西方国家与社会二分的逻辑。要达成一种新的共识性机制，既能作用于国家，又能作用于社会，在中国就能清楚地看到，那就是政党。

所谓政党，就是以获得政权和参与政权为诉求的政治组织，它起到勾连国家与社会的作用，政党还拥有建构国家和建构社会的功能。政党通过组织民意，影响公意，形成了制度性的机制和组织性的载体，同时也具有了比非政府组织更强的灵活性和影响力。政府间的外交是刚性的，因为每个国家只有一个政府，但政党是多元的，为协商对话留下了更为广阔的空间。这种政党协商对话的功能正好适应了构建人类命运共同体过程中不断达成共识的需要。如果说过去基于民族国家的国际交往可以比作"血管系统"的话，那么未来政党合作、政

党网络或将成为"经络系统"。它看似无形，不像"血管"那样能清楚地看到国家间的利益，但却能达成共识，对整个机体的构建将产生潜在的作用。未来国际交往可能更需要沟通而不是直接的利益博弈。利益博弈固然重要，但价值层面的、前置性的沟通同样重要。因此，政党外交将成为国家间外交的重要补充，在今后人类命运共同体构建的过程中，充分发挥政党的协商对话作用，才能达成更多的共识性成果。

三、对话会标志着政党关系新形态的出现

新型政党关系作为人类命运共同体构建的新机制，包括政党对话、政党网络等，赋予了政党以新的功能，即政党由国内走向全球。政党走向全球就超越了传统的基于意识形态或基于地域性的政党合作形式，形成了一种新型的政党组织网络，标志着政党间关系的新形态的出现。这次对话会未来若能形成对话机制而固定下来，定期举行，就能形成一种关系空间、合作网络。这将是对传统政党间关系的全方位的创新，也将是政党间关系的一种新形态的出现，它着眼于人类整体发展，而不是基于特定的意识形态或地区利益。

就世界政党形势而言，在西方国家，如今政党面临着走向衰微的迹象。这究竟意味着政党就此衰微还是政党转型的开始？政党的功能主要包括两个方面：一是提出政纲，二是政治动员与社会整合。在工业化条件下，这些功能需要依靠政党的力量来完成，从而实现国家与社会的互动，于是政党就成了现代政治的核心力量。然而随着互联网应用的普及和网络社会的到来，政党所承载的功能就开始逐渐被其他的力量替代。比如提出政纲的功能就可以由智库、媒体乃至个人来完

成,特朗普在竞选美国总统时的政纲就是由他的竞选团队提出的。而政党社会动员的功能主要会被两种力量替代。一是互联网。互联网如今已经是社会动员与社会整合的重要工具性力量,如果传统政党没能实现转型,没能适应人们交往方式的转变,那就必然衰微,如今欧洲的许多政党就遭遇到互联网的巨大冲击。二是社会组织和非政府组织。其实许多政党在起步阶段都曾是非政府组织,非政府组织具有更强的灵活性和适应新变化的能力,而传统政党尤其是大党、老党的转型就会非常艰难。于是政党的两个最重要的功能都在被替代,被解构,这正是政党出现衰微迹象的根源。这将导致西方社会碎片化的不断加剧,而这种社会状况又契合了民粹主义的兴起。可以说,民粹主义作为一种解构性力量的不断发展,以及政党走向衰微并不断被新生力量迭代,在西方社会强调个人主义的基础上,只会导致社会愈加碎片化。一旦政党体制过于碎片化,即出现极化多党制时,整个国家制度就可能会崩溃。

不会被替代的只有像中国共产党这类的政党,因为它的使命是整体性的建构,而不只有简单的利益表达的功能,也不是像西方政党那样的选举机器。政党如果作为博弈的力量,那一定会被其他的博弈力量所替代,而中国共产党是通过政党的一元化来实现国家建构和社会建构的一体化。

如果这次对话会召开之后,政党可以由国内走向全球,并在人类命运共同体构建过程中发挥政党的作用,那么这种新机制或将在一定程度上挽回西方政党的衰微。因为要实现既能在国内层面联系国家与社会,又能在国际层面联系他国,只有政党兼具这样的功能。无论是互联网、智库还是非政府组织,都无法兼具这样的功能。当一个政党兼具多重功能时,它的价值就不会被替代。一旦人类命运共同体构建的政党机制形成，就意味着政党产生了新的政治功能，从而挽救了其在国内走向衰微的困境。

回到政党内部建设的问题，超越性的发展不等于替代性的变化，政党原来要解决的问题仍然需要解决，新机制的形成无非是政党产生了新功能。因此包括联系群众、反腐败等政党自身发展的问题仍然需要各政党自己解决，而新机制的形成则使各政党之间能够互相借鉴经验。如果政党无法有效解决自身发展的问题，就必然会被新兴的政党所替代。这次对话会所形成的新机制虽然能在一定程度上从整体上挽救政党的衰微，但并不等于能够挽救具体政党的衰微。

四、政党对话机制化将进一步推动中国走向世界

构建人类命运共同体这一理念能否在国际上形成共识，能否被更多国家所接受，政党对话会这一形式至关重要。这次对话会的召开不仅对人类命运共同体构建这一理念和范式的发展有所贡献，而且也将直接服务于中国与各国建立两国之间的命运共同体。习近平总书记在对外交往中，已经多次提到建立与相关国家之间的命运共同体。这将有利于双边关系的建构，即通过对人类命运共同体理念的接受，形成双边关系在逻辑和范式方面的转变。要做好这项工作，就要先做好政党之间的沟通和交往。中国共产党要配合这种对外影响力，推进包括高层对话会和多层级、多平台的对话机制建设，就要充分吸纳国内各群团组织、各地方党组织、各类教育科研机构等多方力量，从而开启全方位外交的新格局。

这次对话会对中国国内发展也具有多方面的影响：一是将有利于用政党的力量来整合对外交往的资源。二是将有效推动国内的各类参

与主体围绕对话会这一平台实现"走出去"。过去"走出去"的平台往往是政府搭建的,而像这次对话会所形成的柔性的机制应该发挥更大的作用。三是将推动国内的党组织、群团组织、社会组织、国有企业,以及党务工作者和群团工作者的转型发展,顺应国际化和时代发展的要求,全面提升自身能力。

载于《当代世界》2018 年第 1 期

积极宣传人类命运共同体理念
提升中国国际话语权*

秦明月

兰州大学马克思主义学院讲师

"各国人民同心协力，构建人类命运共同体，建设持久和平、普遍安全、共同繁荣、开放包容、清洁美丽的世界。"① 党的十九大报告"五个世界"的提出，为构建人类命运共同体指明了方向，彰显了中国共产党不忘初心、牢记使命的历史自觉与时代担当。

2013年3月，习近平主席在莫斯科国际关系学院发表演讲，从人类文明发展的历史高度首次提出人类命运共同体的宏伟构想。此后，人类命运共同体的理念在各个层面、各个领域不断拓展深化，得到了周边邻国与国际社会的高度认可，并写入了联合国决议，成为重要的国际共识。从"一带一路"的"共商、共建、共享"，发展到人类命运共同体的"和谐共生、天下一家"，充分体现了新时代中国特色社会主义的底蕴与自信，具有鲜明的时代价值与世界意义。

---

* 本文是兰州大学"中央高校基本科研业务费专项资金"项目：党员干部培训方式创新研究 [12LZUJBWYB042]；兰州大学全国重点马克思主义学院建设项目："互联网+"时代党的纪律建设创新路径研究的阶段性成果。

① 《习近平:决胜全面建成小康社会 夺取新时代中国特色社会主义伟大胜利——在中国共产党第十九次全面代表大会上的报告》,新华社北京2017年10月27日电。

一、以理论自觉彰显人类命运共同体的中国担当

当前,国际话语权的争夺已然成为国际关系的重要特征,遍及人权、恐怖主义、人道主义干预及核武器扩散等各个领域。随着中国发展的日新月异及中国国际地位的不断上升,中国理念的时代价值与世界意义受到广泛关注,国际话语权的塑造已经成为中国特色大国外交的重要组成部分。其中,人类命运共同体可以说是最全面、最有力、最引人瞩目的中国理念,能够发展成为引导中国与世界良性互动的思想体系,从根本上提升中国的国际话语权。

首先,强化话语主体的自觉性,解决"由谁来说"与"说什么"的问题。话语主体的自觉性很大程度上塑造了话语的基本内涵、战略信誉与发展空间。任何重大理念都不可能凭空而生,都源于话语主体对自身身份定位、发展定位的自觉及对现实需求的回应。

自2008年国际金融危机以来,经济全球化进入深度震荡期,民粹主义、保护主义等思潮兴起,对国际政治经济秩序的自由开放构成了重大挑战。而这一阶段正好是中国国家实力快速上升的时期,一方面,中国的发展离不开一个开放包容的世界;另一方面,世界期待崛起的中国,为国际社会注入新的活力。基于此,中国深刻意识到必须以高度的理论自觉推动理念创新,在阐释自身和平发展特质的基础上,拓展中华文化的底蕴,为全球治理创造新的发展空间。

人类命运共同体这一重大理念创新就是建立在理论自觉的基础上,体现了中国共产党造福人类的使命感。习近平总书记明确指出,中国共产党始终把为人类作出新的更大贡献作为自己的使命。中国共产党人的理论自觉赋予了人类命运共同体丰富的价值内涵与发展空

间,坚定了国际社会对中国践行这一理念的信心。

其次,丰富人类命运共同体的思想内涵,提升其价值感召力。随着中国特色社会主义进入新时代,实现更平衡、更充分的发展,更好地满足人民群众日益增长的美好生活需要将是中国发展的关键所在。这与人类命运共同体的推进高度关联,中国的探索能够为人类命运共同体注入新的活力。

事实上,任何国际公共产品都是一国比较优势的外在投射,人类命运共同体也不例外。中国的共同发展之路为弘扬共商共建共享的全球治理理念提供了实践支撑。我们必须进一步深化这一理论自觉,以高度的理论自信回应时代需求,拓展中国理念的适用范围。这一理论自觉要求我们应当与时俱进,旗帜鲜明地在各个领域、各个层次倡导不同类型的命运共同体,细化价值内涵,明确实施路径。

中共中央总书记、国家主席习近平率先垂范,十九大之后首访越南老挝,通过深化"一带一路"等区域合作安排推进"周边国家命运共同体"的落实。2017年12月1日,习近平总书记在中国共产党与世界政党高层对话会主旨讲话中全面阐述构建人类命运共同体的中国理念、中国方案、中国行动,并倡议构建新型政党关系,汇聚起构建人类命运共同体的强大力量。2017年12月3日,第四届世界互联网大会在乌镇开幕,习近平主席的贺信引发了全球互联网界的共鸣,网络空间命运共同体赢得盛赞。

这些重大举措充分表明,新时代的中国已经具备了高度的理论自觉,正视时代发展的机遇与挑战,以高度的前瞻性彰显自身深层次的价值诉求,将日益增长的国家实力转化为国际影响力,致力于国际话语权的提升,强化政治领导力和思想引领力。

二、以战略定力强化人类命运共同体的深入落实

实践是话语的根本支撑，是检验真理的唯一标准。构建人类命运共同体是一项历史任务，任重道远，需要一代又一代持续不懈的努力才能得以实现。因此，话语的内在品质及其落实是塑造国际话语权的关键所在。

高质量的话语内容是保障话语落实成效的关键所在。人类命运共同体内涵丰富，已经形成了一个较为完整的话语体系。党的十九大报告第十二部分专门以"坚持和平发展道路，推动构建人类命运共同体"为标题，系统论述了人类命运共同体的深刻内涵，从政治、安全、经济、文化、生态等方面向国际社会阐释了中国的世界观与价值观。具体而言，各国人民同心协力，构建人类命运共同体，建设持久和平、普遍安全、共同繁荣、开放包容、清洁美丽的世界。要相互尊重、平等协商，坚决摒弃冷战思维和强权政治，走对话而不对抗、结伴而不结盟的国与国交往的新路。要坚持以对话解决争端、以协商化解分歧，统筹应对传统和非传统安全威胁，反对一切形式的恐怖主义。要同舟共济，促进贸易和投资自由化便利化，推动经济全球化朝着更加开放、包容、普惠、平衡、共赢的方向发展。要尊重世界文明多样性，以文明交流超越文明隔阂、文明互鉴超越文明冲突、文明共存超越文明优越。要坚持环境友好，合作应对气候变化，保护好人类赖以生存的地球家园。简言之，大道之行，天下为公。以习近平同志为主要代表的中国共产党人对人类命运共同体的执着守护，充分彰显了中国走和平发展道路的战略定力，与世界休戚与共的博大胸怀。

要努力建设一个远离恐惧、普遍安全的世界，一个远离贫困、共

同繁荣的世界，一个远离封闭、开放包容的世界，一个山清水秀、清洁美丽的世界，这是世界人民的共同期许，需要付出极其艰苦的努力才能实现。自2008年国际金融危机以来，中国实力显著提升所引发的全球与区域层面的双重结构性矛盾，从根本上影响着中国外交的发展空间。基于此，党的十八大以来，中国致力于"发展自己，引导世界"，用实际行动向世界充分说明中国对人类命运共同体的承诺真实不虚。一方面，塑造新型大国关系，尊重彼此核心利益和重大关切，管控矛盾分歧，努力构建相互尊重、合作共赢的新型关系，这是维护世界和平发展的根本所在；另一方面，奉行亲诚惠容周边外交新理念，以高度的战略格局与历史担当推进"一带一路"，成就周边命运共同体。与此同时，奉行正确的义利观，积极推进共商、共建、共享的全球治理新理念，丰富人类命运共同体的实践支撑，为构建全球公平正义的新秩序贡献中国方案和中国力量。

纵观古今中外，任何重大理念的深入人心与卓有成效都必须具备水滴石穿、持之以恒的韧劲。要持续提升人类命运共同体的国际话语权，就必须正视国际环境的复杂性与实施落地的艰巨性，培育战略定力，保持战略方向的清晰性与稳定性，坚持不懈地引导区域公共产品与国际公共产品的供给。战略定力意味着应当认准长期战略目标，克服短期行为的诱惑和冲动，以相对超然的心态看待发展过程中的顺利与挫折，树立战略远见，避免不必要的战略焦虑。作为重大理念创新，人类命运共同体理念需要足够的战略定力与战略资源来支撑，才能突破诸多现实挑战与观念困惑。

当前，全球化正处于十字路口。倒退、封闭、排外的保护主义、民粹主义盛行一时，中国所倡导的前进、开放、包容的人类命运共同体主张，必须争取赢得世界人民的支持。人类命运共同体的推进，关系到全球化能否实现转型升级,世界能否实现开放、普惠、均衡发展,事关重大,必须脚踏实地、执着前行,以扎扎实实的成效彰显其理念优势。

三、以价值感召提升人类命运共同体的认可度

国际话语权的塑造仅仅以理服人还不够,还必须以情动人,深入人心。要实现这一点,就必须持续提升人类命运共同体理念的价值感召力。

内圣方可外王,人类命运共同体理念的感召力,源自中国发展的整体水平与中华文明的整体高度。党的十八大以来,中国话语创新的一个重要特征就是真心实意。"一带一路""人类命运共同体"写进《党章》,并在党的十九大报告中得以充分体现,成为国家的顶层设计,这就是中国对世界的诚意。正如联合国社会发展委员会第55届会议主席菲利普·查沃斯所说,当前世界各国之间相互依存程度日益提高,人类面临各种各样的严峻挑战。在这样的形势下,构建人类命运共同体理念体现了中国人着眼于维护人类长远利益的远见卓识。这是一个价值重建的时代,中国要崛起于西方主导的规则体系中,就必须营造大国崛起的大格局与新气象,在与世界实现更多价值共享的同时,焕发出新的价值感召力。人类命运共同体是中国和平发展价值维度的高度凝练,将以新的价值观、发展模式与世界图景引导时代前行。

人类命运共同体理念超越种族、文化、国家与意识形态的界限,为思考人类未来提供了全新的视角,既符合联合国宪章的根本宗旨,又拓展了全球化新的发展空间,极具道义担当。正如习近平总书记所强调的,没有哪个国家能够独自应对人类面临的各种挑战,也没有哪个国家能够退回到自我封闭的孤岛。中国身体力行，铁肩担道义，充分彰显深层次的价值诉求与世界实现更大的利益汇合、更高的制度整合与更深的价值融合，成就国际关系的新高度与世界的新发展。这些本身就具备相当强的话语感染力，但必须进一步完善话语传播方式与拓展话语平台，提升人类命运共同体对世界的吸引力与感召力，增强话语认可度。

当前，国际社会对人类命运共同体的解读不尽相同，甚至还有不少误区。例如，有人认为它是统一性的共同体，有人认为它是中国的国际秩序观，有人认为这只是一种政治宣传。因此，我们要改善话语传播方式，正本清源，更好地阐释人类命运共同体理念的价值内涵与实施方式。

具体而言，其一，话语特色必须建立在国际主流共识的基础上，人类命运共同体应当进一步融入全球治理的思想体系之中，在成为人类共同的精神财富的基础上体现出中国特色。其二，创新话语表达方式，增强受众意识，贴近国外受众的文化背景与接受习惯，避免单向灌输，具体而亲切地展开对话。这就意味着人类命运共同体在传播过程中应关注受众的真实感受，取得最大公约数。其三，坦诚相待，贴近中国和世界发展的实际，理解并回应国际社会的核心需求，不回避关键问题。

当前，中国已经到了一个非常关键的历史关头，新时代的新发展必须以人类命运共同体理念的亲和力、感召力与世界实现更大的利益汇合、更高的制度整合和更深的价值融合，成就全球治理的新高度与世界的新发展。习近平总书记坚定地向全世界承诺，世界命运握在各国人民手中，人类前途系于各国人民的抉择。中国人民愿同各国人民一道，推动人类命运共同体建设，共同创造人类的美好未来！我们必须阐释好人类命运共同体理念所蕴含着的中国智慧与中国方案，塑造国际话语权，才能推动其落地生根。

载于《红旗文稿》2018年第7期

构建人类命运共同体要处理好几对关系

陶文昭

中国人民大学马克思主义学院教授

坚持独立自主和对外开放相统一,积极参与全球治理,为构建人类命运共同体不断作出贡献,是中国特色社会主义制度和我国国家治理体系的显著优势之一。当前世界正处于百年未有之大变局,国际形势波谲云诡。构建人类命运共同体,必须辩证地处理好理念与方案、求同与存异、和谐与变革的关系,同世界各国携手合作,共同努力建设一个更加美好的世界。

一、坚持理念与方案的统一

当前,世界正处于大发展大变革大调整时期,世界多极化、经济全球化、社会信息化、文化多样化深入发展。国际社会迫切呼唤新的全球治理理念,构建新的更加公正合理的国际体系和秩序。

从理念层面看构建人类命运共同体。构建人类命运共同体理念,是党的十八大以来,以习近平同志为核心的党中央提出并且在一系列重大的国际和国内场合不断倡导的,有关国际问题的重大理论创新,是习近平新时代中国特色社会主义思想的重要组成部分。第十三届全国人民代表大会第一次会议通过的《中华人民共和国宪法修正案》,

在序言部分增加了"坚持和平发展道路""坚持互利共赢开放战略""推动构建人类命运共同体"三方面内容,这是 1982 年宪法公布施行后,首次对宪法中关于外交政策方面的内容进行充实完善。人类命运共同体也多次写入联合国相关文件和决议,已经成为中国引领时代潮流和人类文明进步方向的鲜明旗帜。构建人类命运共同体理念,深刻回答了"建设一个什么样的世界,怎样建设这个世界"的问题,是人类社会自古以来孜孜不倦的追求,是对"丛林法则""零和博弈""文明冲突论""一国优先论"的超越。正因为如此,构建人类命运共同体理念得到了国际社会的高度评价和热烈响应,并且产生了日益广泛而深远的国际影响。

从方案层面看构建人类命运共同体。方案是具体操作层面的问题,具有现实性。理念化为方案需要具体化,从应然变为实然,可能性化为现实性。中国在构建人类命运共同体的目标、途径等方面,已经搭建中国方案的基本骨架。在目标上,党的十九大提出,构建人类命运共同体,建设持久和平、普遍安全、共同繁荣、开放包容、清洁美丽的世界。持久和平是基石,普遍安全是保障,共同繁荣是核心,开放包容是特征,清洁美丽是底色。在途径上,中国提出"共商共建共享"原则,各国共同协商、深化交流,共同参与、合作共建,平等发展、共同分享,倡导"一带一路"就是典范。对中国来说,构建人类命运共同体不是外交辞令,而是实实在在的方案、实实在在的行动。

构建人类命运共同体,是中国理念与中国方案的统一。一方面,我们要坚守崇高理念。中国共产党是为中国人民谋幸福、为中华民族谋复兴的政党,也是为人类进步事业而奋斗的政党。中国共产党始终把为人类作出新的更大的贡献作为自己的使命。另一方面,一切要从实际出发。不能把应然当作实然，不能把理想当作现实，不能把未来当作当下。大道至简，实干为要。构建人类命运共同体，关键在行动。自2013年习近平主席在莫斯科国际关系学院的演讲中首次提出构建人类命运共同体，中国同世界各国的友好合作不断拓展，人类命运共同体理念得到越来越多人的支持和赞同，这一倡议正在从理念转化为行动。

二、坚持求同与存异的统一

构建人类命运共同体这个词，本身蕴含着"同"与"异"。存在一定的"同"，追求更大的"同"；存在不小的"异"，努力去缩小"异"，这些是构建人类命运共同体所必须面对和解决的问题。

"求同"是构建人类命运共同体的目标。当今时代科学技术的迅猛进步，经济全球化的深入发展，日益形成了事实上的"地球村"，使得各国初步形成了你中有我、我中有你的利益共同体。人类社会在发展中相互交流、相互吸纳、相互接受，从而对重大问题、基本问题产生一定的认同。习近平总书记指出，和平、发展、公平、正义、民主、自由，是全人类的共同价值，也是联合国的崇高目标，只要各方树立人类命运共同体理念，一起来规划，一起来实践，一点一滴坚持努力，日积月累不懈奋斗，构建人类命运共同体的目标就一定能够实现。

"存异"是构建人类命运共同体的起点。求同是目标，存异是现实。从逻辑上看，正是因为现实存在着"异"，才有求"同"的必要。如何减少不同的方面，扩大相同和相通的方面，是构建人类命运共同体之关键所在。从现实看，当前世界非常复杂，不同国家之间发展水平参差不齐,社会制度、文化价值多种多样,相互不同乃至对立。多样性是当今世界的基本特征,世界上有200多个国家和地区、2000多个民族、多种宗教。存异最重要的是包容,让千差万别的各国在共同体内都得以存在,从而得到发展。反之,将世界多样性硬要做个高下、优劣之分,只会水火不容的相互冲突。不能存异,何以求同?

求同与存异的统一。构建人类命运共同体的"从存异到求同",是一个逐步提升的过程,也是一个艰难且漫长的过程。我们的求同是尊重世界文明多样性和发展模式多样化的求同,是在"多"中求"一",在"异"中求"同",寻求各方最大公约数。构建人类命运共同体着眼于各国共同掌握世界命运、共同书写国际规则、共同治理全球事务、共同分享发展成果。中国愿意同世界各国分享成功的发展经验,但是我们不"输出"中国模式,不会要求别国"复制"中国的做法,不干涉其他国家的内政。构建人类命运共同体,要注重从利益深处着手。而利益的基石是经济利益,所以经济全球化是构建人类利益共同体,进而构建人类命运共同体不可或缺的必经之途。在利益问题上,中国提倡要兼顾各方利益,不搞零和博弈。如果奉行你输我赢、赢者通吃的老一套逻辑,如果采取尔虞我诈、以邻为壑的老一套办法,就是既封上了别人的门,也堵上了自己的路,害人亦害己。中国提出构建人类命运共同体理念,主张不同社会制度、不同意识形态、不同历史文明、不同发展水平的国家求同存异、包容发展。中国的古训是:"万物并育而不相害,道并行而不相悖。"需要指出的是,当今世界各国交往频繁,磕磕碰碰在所难免。存异的最难之处是如何处理矛盾和冲突,这最关键的是要坚持通过对话协商与和平谈判。习近平主席在联合国日内瓦总部的演讲中指出,只要怀有真诚愿望,秉持足够善意,展现政治智慧,再大的冲突都能化解,再厚的坚冰都能打破。

三、坚持和谐与变革的统一

构建人类命运共同体,关键在行动。我们既要讲怎么样,还要讲怎么办。而怎么办的核心问题,是以"和"的方式构建,还是以"变"的方式构建,以及如何将"和"与"变"有机结合起来。

"和"是构建人类命运共同体的基本方式。就世界而言,近代以来的战争为人类带来的苦难刻骨铭心。当今全人类的共同愿望,就是和平与发展。中国自古以来崇尚"和为贵",历史文化血脉中流淌着和平的基因。和平、和睦、和谐的追求,深深植根于中华民族的精神世界之中,深深溶化在中国人民的血脉之中。中国是现行国际体系的参与者、建设者、贡献者,同时也是受益者。构建人类命运共同体,不是颠覆现行国际体系,不是另起炉灶,而是通过改革和完善推动它朝着更加公正合理的方向发展。中国是联合国创始成员国,坚决维护以联合国宪章宗旨和原则为核心的国际秩序和国际体系。具体而言,中国将推进大国协调和合作,构建总体稳定、均衡发展的大国关系框架,按照亲诚惠容理念和与邻为善、以邻为伴周边外交方针深化同周边国家关系,秉持正确义利观和真实亲诚理念加强同发展中国家团结合作。中国要做全球和平发展的"稳定锚",世界繁荣进步的"发动机",各国合作共赢的"助推器"。

"变"是构建人类命运共同体所不能回避的。构建命运共同体的求同过程,必然伴随着变革的过程。随着时代发展,现行全球治理体系不适应时代发展要求的地方越来越多,国际社会对变革全球治理体系的呼声越来越高,必须推动国际政治经济秩序朝着更加公正合理的方向发展。不进行深刻的变革，不解决世界上存在的和潜在的各种矛盾，就不可能有真正的共同体。我们要通过共商共建的变革，推动经济全球化朝着更加开放、包容、普惠、平衡、共赢方向发展；推动全球经济治理体系变革，让世界朝着持久和平、普遍安全、共同繁荣、开放包容、清洁美丽的方向发展。

"和"与"变"的统一。在人类面临大变革大调整的时期，中国坚决反对冷战思维，坚持对话协商，为建设一个持久和平的世界而努力。我们也不回避变革，并且要积极应对和谋划。要充分估计国际格局发展演变的复杂性，充分估计世界经济调整的曲折性，充分估计国际秩序之争的长期性，充分估计我国周边环境中的不确定性。要推动变革全球治理体制中不公正不合理的安排，推动国际货币基金组织、世界银行等国际经济金融组织切实反映国际格局的变化，推动各国在国际经济合作中权利平等、机会平等、规则平等，推进全球治理规则民主化、法治化等等。构建人类命运共同体是一个历史过程，不可能一蹴而就，不可能一帆风顺。我们要坚定变革的目标，咬定青山不放松，矢志不渝为人类命运共同体而奋斗。我们要把握好变革的力度，共享变革的利益，循序渐进、久久为功，推动人类命运共同体坚定而稳健地前进。

载于《红旗文稿》2020年第3期

绿色"一带一路"推动构建人类命运共同体

杨 达

贵州大学公共管理学院教授

推动构建人类命运共同体,是习近平总书记着眼人类发展、深刻把握世界大势提出的中国理念和中国方案,充分体现了中国作为一个负责任大国把自身发展同世界发展紧密联系的博大胸怀和务实担当。《习近平谈治国理政》(第三卷)中,专设"携手构建人类命运共同体""推动共建'一带一路'走深走实"两章,系统阐明了人类社会在世界百年未有之大变局中何去何从的重大理论和现实问题。习近平总书记明确强调,要在保持健康良性发展势头的基础上,推动共建'一带一路'向高质量发展转变;把绿色作为底色,推动绿色基础设施建设、绿色投资、绿色金融,保护好我们赖以生存的共同家园。面对当前单边主义、保护主义上升,国际格局因新冠肺炎疫情加速演变的复杂形势,"一带一路"建设面临全新的国际环境和舆论氛围,我们要充分挖掘和深化绿色"一带一路"对于构建人类命运共同体的重大意义,推动"一带一路"建设行稳致远,不断朝着人类命运共同体目标迈进。

一、绿色"一带一路"抓住了人类命运共同体的生存关切焦点

生态环境是人类生存和发展的根基,建设美丽家园是人类的共同

梦想。习近平总书记强调，面对生态环境挑战，人类是一荣俱荣、一损俱损的命运共同体，没有哪个国家能独善其身。随着全球生态环境挑战日益严峻，良好生态环境成为各国经济社会发展的支撑点和人民生活质量的增长点，绿色发展成为各国共同的关切和追求的目标。特别是"一带一路"沿线许多国家拥有复杂的地理条件，生态环境比较脆弱，面临着较为严峻的生态环境保护问题，实现可持续发展的压力很大，必须加快推动绿色发展。面对一些西方国家从国际环境保护合作领域退群的单边主义及不负责任的行径，中国义无反顾地努力维护既存的国际秩序，通过绿色"一带一路"倡议，将循环经济、节能减排、能源清洁利用、新能源和可再生能源开发、应对全球气候变化等内容纳入"一带一路"合作，使"一带一路"建设融入全球生态环境保护和可持续发展事业，不仅为世界搭建了互利共赢的发展新平台，更为构建人类命运共同体占据了道义制高点。

绿色承载着人类命运共同体的价值观，绿色"一带一路"蕴含着各国相互合作的交汇点。从构建新型大国关系到新型国际关系，从"一带一路"倡议到人类命运共同体，中国一直积极而富有诚意地探索并完善包容并蓄的处世之道。通过绿色"一带一路"建设，以环境领域切入，找到各国的生存关切，保护共有的地球家园，辐射并加强更多领域合作。

总之，在推动构建人类命运共同体的大背景下，将绿色发展理念融入"一带一路"建设，为"一带一路"沿线国家提供更多的绿色公共产品，实现高质量的绿色发展，有助于"一带一路"建设顺利实施。我们要按照习近平总书记的系列重要指示批示精神，深入落实2017年5月环境保护部、外交部、发展改革委、商务部联合发布的《关于推进绿色"一带一路"建设的指导意见》，推动共建"一带一路"同 2030 年可持续发展议程深入对接，努力将绿色发展的成果经验带到沿线国家发展事业之中，搭建起全球共同的发展价值，积极助力全球可持续发展目标的实现。

二、绿色"一带一路"把准了人类命运共同体的和谐共生脉络

习近平总书记强调，我们应该坚持人与自然共生共存的理念，像对待生命一样对待生态环境，对自然心存敬畏，尊重自然、顺应自然、保护自然，共同保护不可替代的地球家园，共同医治生态环境的累累伤痕，共同营造和谐宜居的人类家园，让自然生态休养生息，让人人都享有绿水青山。这鲜明地指出了人类命运共同体蕴含的人与自然和谐共生的理念和主张。自航海大发现特别是第一次工业革命以来，一些发达国家的工业化和高消耗不断破坏生态环境，加剧全球资源的紧张和短缺，有的还将有毒有害的废弃物转移到发展中国家，使人类共有的家园满目疮痍。以牺牲别国绿色来实现自我发展，不仅有违国际道义责任，也不可能真正实现全球的人与自然和谐共生。

党的十八大以来，我们党着眼新时代中国特色社会主义生态文明建设，加强生态保护和生态文明建设，倡导低碳、循环、可持续的生存生活方式，引领中华民族永续发展，推动形成了包括坚持人与自然和谐共生、绿水青山就是金山银山、加快形成绿色发展方式和生活方式、统筹山水林田湖草系统治理、实行最严格的生态环境保护制度等内容的习近平生态文明思想。我们将自身生态文明建设的重要理念和实践成果融入"一带一路"建设，绘制好"一带一路"的"工笔画"，贯彻新发展理念，坚定走绿色发展之路，将中国绿色发展理念和成功实践融入"一带一路"，将美丽中国建设融入清洁美丽的世界

建设，将中国绿色发展机遇同世界各国分享，推动形成以绿色发展为纽带的和谐共生人类命运共同体。这必将推动全人类以绿色为纽带，构筑起和谐共生的命运共同体。

三、绿色"一带一路"提供了人类命运共同体的包容发展平台

习近平主席在印度尼西亚国会发表演讲时明确强调，共建"一带一路"是经济合作倡议，不是搞地缘政治联盟或军事同盟；是开放包容进程，不是要关起门来搞小圈子或者"中国俱乐部"；不以意识形态划界，不搞零和游戏，只要各国有意愿，我们都欢迎。这指明了"一带一路"是包容性发展平台的鲜明特征。当今，一些国家仍然抱持"冷战"思维，在国际上成立排他性组织，并推行以自我为中心、霸道独行的对外战略。绿色"一带一路"以包容性发展为核心理念，具有更强的国际示范作用。

绿色"一带一路"建设以开放为导向，不打地缘博弈小算盘，不搞封闭排他小圈子，提倡的是求同存异、兼容并蓄，致力于打造不同文明共融的利益共同体，充分体现了开放合作、平等协商、共同发展和互利共赢的包容性发展精神。

依托绿色"一带一路"倡议，中国正在探索基于生态文明理念的绿色治理体系，为当今既要发展经济、又要保护环境的沿线大多数国家避免走"先污染、后治理"的老路，提供了有益的启示和借鉴。中国正在进行的绿色治理尝试，不同于西方发达资本主义国家的发展路径，西方可以依托强劲经济支撑形成的领先环保技术来成功走出"先污染、后治理"的道路，而中国需在探索"守住发展和生态两条底线"路径中跳出"先污染、后治理"的传统路径，通过推动中国发

展给世界创造更多机遇，通过深化自身实践探索人类社会发展规律并同世界各国分享。"一带一路"沿线后发国家当前面临先发国家一度经历的十字路口，处于求发展与求生态的历史转型期。而中国以"一带一路"为纽带，为沿线后发国家带去经济发展和生态保护"鱼与熊掌可兼得"的可行治理路径和包容发展平台。绿色"一带一路"作为基于中国的实践探索而分享给沿线国家的一种全新发展路径，无疑对构建人类命运共同体具有重要的意义，必将为人类命运共同体的构建注入动力、提供支撑。

四、绿色"一带一路"描绘了人类命运共同体的治理模式愿景

习近平总书记指出，共建"一带一路"顺应了全球治理体系变革的内在要求，彰显了同舟共济、权责共担的命运共同体意识，为完善全球治理体系变革提供了新思路新方案。这深刻阐明了"一带一路"与全球治理的重要关系，为"一带一路"在人类命运共同体理念指引之下推动完善全球治理指明了方向。这次新冠肺炎疫情是对全球治理体系的一次大考，需要各个国家携手同心、加强合作。"一带一路"倡议是中国提供给世界作为解决全球治理问题的公共产品，是以中国自身的发展实践经验为蓝本，秉持共商共建共享的原则，倡导大家的事大家商量着办，坚持合作共赢、互利互惠。

"一带一路"从倡议走向实践、从愿景变为行动，正通过采取一系列务实的绿色行动，逐渐显现出积极的成效、广阔的前景，孕育出实实在在的国际合作，开辟了我国参与引领全球开放合作的新境界。借助绿色"一带一路"平台，中国将生态文明意识带到沿线国家和地区，唤醒世界更多国家和地区的绿色治理理念；借助绿色"一带一

路"平台，中国通过聚焦 ESG（环境、社会和公司治理）领域，推动并引导"走出去"的中国企业承担更多的绿色发展责任，带动当地实现全面可持续发展；借助绿色"一带一路"平台，吸引沿线的政府、企业、社团、民众等不同主体，学习借鉴中国绿色治理行动，探索当地因地制宜绿色发展路径；借助绿色"一带一路"平台，推动构建相互尊重、公平正义、合作共赢的新型国际关系，推动建立更具代表性、包容性、开放性和公正性的全球治理体系。

过去几年的成功实践证明，绿色"一带一路"是完善全球治理体系的中国智慧和中国方案，是解决当今世界难题、消弭全球乱象的"中国钥匙"，成为中国实际参与全球治理、改革全球治理体系的重要路径，成为推动全球发展合作的机制化平台。

载于《红旗文稿》2020 年第 11 期

人类命运共同体的文明交融[*]

邹广文

清华大学马克思主义学院教授

党的十八大以来，以习近平同志为核心的党中央基于当今世界复杂多变的形势，从中国一直恪守的和平与发展的基本立场出发，向世界倡导人类命运共同体理念，明确提出要坚持和平发展道路，推动构建人类命运共同体。

很显然，人类命运共同体理念包含着极为丰富的思想内涵。它既是当代中国重要的外交理念，更是当今时代人类的和平发展理念，这是面对当今世界百年未有之大变局所发出的中国声音、所作出的中国判断。从文化哲学的视角看，人类命运共同体理念在其实践展开层面，需要以全世界各个国家和民族间的文化尊重、文明交融为基础。

一、

回顾近代人类发展历史，人类现代化与工业文明行进的脚步，极大改变了世界的面貌。自1492年哥伦布发现美洲新大陆，经济全球化就成为人类挥之不去的话语。人类开启了被马克思称之为人类"历史向世界历史转变"的"普遍性的交往时代"。马克思恩格斯在《共

---

[*] 本文系作者主持的国家社会科学基金重大项目"中华民族共同体的文化构建研究"〔20ZDA027〕的阶段性成果。

产党宣言》中强调，这种交往的普遍性源于"资本的逻辑"——资产阶级把资本的触角伸向世界各地去到处落户，到处开发，到处建立联系，并且日甚一日地消灭生产资料、财产和人口的分散状态，最后挖掉了工业脚下的民族基础，经济全球化的图景日益清晰地呈现于世人面前。在当代，经济全球化已经成为人类的一种生活环境：世界是一个"地球村"，世界各国各民族之间客观上形成了一种"你中有我、我中有你"的"互嵌"发展格局，每个民族要想真正拥有未来，就必须融入世界，在与其他民族国家的交流互动中培育出发展的新机遇，创生出生活的新智慧。

构建人类命运共同体这一重要理念的提出，向世界传递的是世界各个国家和民族无论在意识形态、社会制度、发展水平乃至历史文明等方面有何不同，都应该顺应人类共同利益及未来发展大局的时代潮流，都应该求同存异、包容发展。这一新全球观，是建立在文化多样性的哲学理念基础之上的。习近平主席在第七十五届联合国大会一般性辩论上发表的重要讲话中指出，我们要摒弃意识形态争论，跨越文明冲突陷阱，相互尊重各国自主选择的发展道路和模式，让世界多样性成为人类社会进步的不竭动力、人类文明多姿多彩的天然形态。早在2005年，联合国教科文组织大会就通过了《保护和促进文化表现形式多样性公约》，从此，"文化多样性"就被确定为全世界各个群体和社会共同信守和承诺的基本原则。

如果说文化在样态形式上需要求异，那么文明在价值理念层面则需要"求同"。文明因包容而交融，"求同"的前提是尊重差异性，而不是武断的整齐划一。今天，人类命运共同体的积极构建，为人类文明交融确立了一个坚实的价值基础——在经济全球化发展环境下没有文化孤岛，必须破除两极对立的零和思维，秉持共同发展的理念，努力守望相助，达到合作共赢。

二、

在文化价值层面，不同民族文化间的理解沟通是最难达成的，因此需要通过"求"而达到"同"的目标。众所周知，一个民族经过长期历史发展所沉淀形成的精神观念、审美情趣与思维方式，彰显了其独特的民族性追求，因而其作为文化的深层结构是区别于其他民族的根本性标志，是维系一个民族生存和发展的精神纽带。我们讲"文明交融"，其最具创获的成果就在于有效达成不同民族间的文化价值共识，所以这里的"求"必须是两个平等民族主体之间的关注和尊重，即通过坦诚的交流与对话来充分理解对方的价值关切，进而求同存异，寻找文明视阈的融汇。习近平总书记强调，一切文明成果都值得尊重，一切文明成果都值得珍惜。只有懂得尊重与珍惜，不同文明间的交流互鉴才真正成为可能。

首先，在文化心态上，必须摒弃文化偏见与文化歧视，妥善解决世界文化交往中的不对等问题。在经济全球化时代，与离散时空状态下的前现代文明不同，人类开启了同步时空的发展节奏，各国各民族的文化交流已经成为一种常态化图景，而且文化交流合作的广度和深度正在加快推进。在此背景下，我们首先需要调整好文化心态，尤其是要消除文化自大或文化自卑的两极对立思维，克服文化偏见，消除文化傲慢，倡导文化会通。如果持有盲目的自我文化优越情结，对世界发展的新格局视而不见，对其他民族所创造的时代文明充耳不闻，则势必会导致文化的误判与误读。事实表明，文化偏见如果不予以坚决纠正，就会导致文化歧视，导致民族间文化交往中的不对等。而文化歧视的蔓延会危及人类文化生态的平衡，进而给世界的和谐发展造成持久伤害。平等对待其他文化既是文化自觉的内在要求，也是文化自信心的价值呈现。开放的中国秉持人类命运共同体理念，追求"美美与共"的文化发展，向世界展示的是平等与包容的胸怀。

其次，在文化实践层面，文明交融的世界需要自觉坚守文化多样性，反对文化霸权主义。在一定意义上，正是经济全球化催生了文化的多样性，面对新的世界发展格局，每个国家和民族都要把自己的特点和个性展示出来，越是民族的才越是世界的。但同时我们看到，扩张与掠夺又是资本主义成长与发展的生命线，是其与生俱来的本性，这就会滋生出文化霸权主义，即以强势心态向世界传播西方价值观，将自己的文化模式强加于人，迫使后发展国家放弃自身的文化传统，被动接受其价值观念乃至意识形态。由此可以预见，反对霸权主义将是未来摆在全世界各民族面前的一项长期而艰巨的任务。文化霸权的实质是对抗世界文明的野蛮的、非文明行径，因此必须予以坚决反对。显然，文化多样性的存在是人类文化保持自身活力的重要条件。今天，我们要注意维护世界各民族文化个性和平等发展的权利，积极促进文化间的交流对话和自由创造，致力于文化的和谐繁荣。

再次，文明交融的文化世界需要双向互动，彼此借鉴，相互欣赏。一种文明交融的理想性追求，就在于以承认每个民族文化发展的正当性为出发点，确立交互性文化价值观的新视角，将文化冲突背后的价值观冲突给当代人类和平秩序所造成的威胁降到最低，实现真正的文明共存。纵观人类文化的发展历史，世界各民族文化的相互传播、彼此融汇一直是主旋律。世界各地的文化从来都不是孤立发展的，例如远古时期世界各地的彩陶在造型、质地、文饰上有着惊人的相似性。在今天，各地区各民族的文化联系变得更加频繁和紧密。各种文化只有在互相关联中才能发展，文明在交往中才能成长。对"他者文化"的尊重和包容是一个民族文化自信的应有之义，这就需要将每个国家民族视为独立、平等的文明主体，尝试进行有效的文化和文明对话，并以包容的胸怀和欣赏者的眼光去对待其文化智慧与文化成就，在学习借鉴中丰富完善自身文化。

最后，要以文化创新为驱动力，积极参与当今世界的文明交融。文化既需要"守正"即维护自身文化的独特性，更需要"创新"即面向未来展示其发展的活力。以文化创新来驱动民族文化的未来发展，这是时代的选择。唯有创新，才能够赢得主动参与文明交融的机遇。文化创新是一个民族进步的灵魂，是一个国家兴旺发达的持续动力，更是文化保持其生命活力的重要源泉，每个民族都有义务为人类命运共同体的光明未来贡献文明智慧。因此，我们要自觉树立文化使命感，用全球视野来看待本民族文化的历史、现状和未来，肩负起文化创新的历史责任。

载于《光明日报》2021年1月4日，第15版

构建人类命运共同体与
中华文化对外交流传播

杨希燕

长春工业大学外国语学院教授

习近平总书记强调指出，构建人类命运共同体要尊重世界文明多样性，以文明交流超越文明隔阂、文明互鉴超越文明冲突、文明共存超越文明优越。加强中华文化的对外交流沟通，是推动构建人类命运共同体的重要内容。中华文化"走出去"，对于增强中华文化的影响力，提升中国文化软实力，促进世界文化欣欣向荣，维护人类文化的多样性和人类社会历史发展道路的多样性，对于促进人类社会的健康发展和世界和平发展具有重要意义。

一、人类命运共同体与文化相互交流

构建人类命运共同体，就要积极开展世界各国文化之间的交流、融合和贯通，构建开放包容的人类文化发展形态，推动人类社会繁荣进步。

人类命运共同体的构建需要尊重和顺应人类文化发展趋势。各国文化相互交流互鉴是人类社会历史发展的必然趋势，也是各国社会发展进步的必然要求。特别是随着社会生产力的发展，世界市场的形成，人类日益紧密联系在一起，其中就包括各民族文化的相互交流、相互碰撞。习近平主席在2019年亚洲文明对话大会上表示，文明因多样而交流，因交流而互鉴，因互鉴而发展。我们要加强世界上不同国家、不同民族、不同文化的交流互鉴，夯实共建亚洲命运共同体、人类命运共同体的人文基础。

各国文化交流互鉴是构建人类命运共同体的本质要求。推进人类各种文明交流交融、互学互鉴，是让世界变得更加美丽、各国人民生活得更加美好的必由之路。人类命运共同体的理念强调超越时空束缚，以整体意识、全球思维和全人类的共同价值来引领人类社会发展，本身就是一种开放包容的文明观。这种新文明观要求尊重各国文化、文明和发展道路的多样性，要求以尊重、包容、互鉴的态度来树立你中有我、我中有你的命运共同体意识，并将世界多样性看作是人类社会发展的不竭动力和人类文明存在的现实样态。2017年1月18日，习近平主席在联合国日内瓦总部发表主旨演讲时说指出，每种文明都有其独特魅力和深厚底蕴，都是人类的精神瑰宝。不同文明要取长补短、共同进步，让文明交流互鉴成为推动人类社会进步的动力、维护世界和平的纽带。习近平主席的这一论述，清晰地表明了文明交流、文化传播是打造人类命运共同体的本质要求。

各国文化交流互鉴是构建人类命运共同体的价值诉求。丰富多彩的人类文明都有自己存在的价值，任何想用强制手段来解决文明差异的做法都不会成功，这样反而会给世界文明带来灾难。2015年9月，习近平主席在第七十届联合国大会一般性辩论时强调指出，我们要促进和而不同、兼收并蓄的文明交流。人类文明多样性赋予这个世界姹紫嫣红的色彩，多样带来交流，交流孕育融合，融合产生进步。文明相处需要和而不同的精神。各国文化的相互交流，才能超越文化的相互隔阂；各国文明的相互借鉴，才能超越文明的相互冲突；各国文化和文明的共存，才能超越某种文化、文明的独自优越，最终助力建设取长补短、共同进步、开放包容的世界，使人类命运共同体理念深入人心。

二、中华文化"走出去"有助于推动构建人类命运共同体

人类命运共同体的理念与中华文化具有相通之处。加强中华文化对外交流互鉴，倡导构建以合作共赢为核心的新型国际关系，有利于为促进世界政治经济协调发展和文化共同繁荣，为全球治理体系变革贡献中国智慧、中国方案、中国力量。

中华文化蕴含着"天下为公"的理想追求，有利于促进各国相互尊重、相互包容、平等相待，共同建设命运与共的美好世界。中华文化是一种具有世界情怀和天下担当的文化。2017年12月1日，习近平总书记在中国共产党与世界政党高层对话会上的主旨讲话中指出，中华民族历来讲求"天下一家"，主张民胞物与、协和万邦、天下大同，憧憬"大道之行，天下为公"的美好世界。世界各国人民应该秉持"天下一家"理念，张开怀抱，彼此理解，求同存异，共同为构建人类命运共同体而努力。在今天国际风云变幻的时代背景下，加强中华文化的对外交流，能够将"天下为公""天下一家"的理想追求介绍出去，为其他国家和民族所了解和认识，促进各国相互尊重，促进各国在构建人类命运共同体中的责任担当，建设命运与共的美好世界。

中华文化蕴含着"义利统一"的价值理念，有利于各国共同发展利益，建设相互尊重、公平正义、合作共赢的新型国际关系，扩大各国的利益汇合点，实现共同发展。"义利统一"的价值理念，特别强

调在"利"与"义"发生冲突时要把"义"放在首位。中华文化中的义利思想，有助于促进其他国家和民族树立正确的义利观，相互尊重与维护国家主权，摒弃文化霸权主义思维，促进国际秩序走向公正化、合理化，为人类持续和平和发展自觉尽到国际责任。

中华文化蕴涵的"和而不同"的思维方式，有利于各国相互尊重、彼此借鉴、和谐共存，包容不同的价值观念和政治选择，顺应和平、发展、合作、共赢的时代潮流。中华文化崇尚和谐，中国"和"文化源远流长，蕴涵着天人合一的宇宙观、协和万邦的国际观、和而不同的社会观、人心和善的道德观。在5000多年的文明发展中，中华民族一直追求和传承着和平、和睦、和谐的坚定理念。正如习近平总书记所讲的，中国人民崇尚"己所不欲，勿施于人"。中国不认同"国强必霸论"，中国人的血脉中没有称王称霸、穷兵黩武的基因。中国人民愿意同世界各国人民和睦相处、和谐发展，共谋和平、共护和平、共享和平。推崇不同国家、不同文化"美美与共、天下大同"体现了中华优秀传统文化的基本精神，也是当代中国先进文化的重要内容，蕴含着在开放包容、合作共赢中共同发展的良好愿望，有利于世界各国人民携手走向更加美好的未来。

三、中华文化对外交流传播的理念和方法

在推动构建人类命运共同体过程中，中国如何开展对外文化交流，采取怎样的文化交流形式、向世界展示怎样的文化内涵等，是需要认真考量和解决的问题。

根植中华优秀传统文化，坚持开放包容理念。"一花独放不是春，百花齐放春满园。"中华优秀传统文化是中华文化之根和血脉，也是

中华文化对外交流的鲜亮名片。作为人类大家庭的成员，应主动分享自己的精神财富，并通过学习借鉴别的国家文化精髓丰富本国文化，实现中华优秀传统文化的创新性发展，提升国家文化软实力，与其他各国文化一道，共同推动世界文化共同繁荣。根植中华优秀传统文化和坚持开放包容理念，还要求我们对外进行文化交流时要在遵循平等与尊重原则的前提下与世界其他文化展开真正的对话。尺有所短，寸有所长，对于外来文化我们要取其精华、去其糟粕，在相互交流间虚心学习、共同进步。

坚定文化自信，创新文化身份认同。中华文化"走出去"的底气靠的是中国人民高度的文化自信。习近平总书记强调指出："没有高度的文化自信，没有文化的繁荣兴盛，就没有中华民族伟大复兴。"[①] 新时代，更好地推动中华文化走向世界，不仅要对本国的文化具有高度的自觉与自信，更要善于在对外传播的过程中整合国际资源，为全球文化注入中国元素。在文化对外传播的过程中，本土文化和外来文化相互碰撞、交融或者排斥的情况不可避免。在这样的交流过程中，如何形成合理的文化定位，正确对待不同文化，成为一个亟待解决的难题。在构建人类命运共同体进程中的文化交流与传播，既要敞开胸怀，以更加包容的态度接纳世界文化，更要坚定文化自信，增强文化身份认同，保留中华传统文化的精髓，弘扬当代中国先进文化。

创新叙事方式，有效传播中国声音。习近平总书记指出，要把优秀传统文化的精神标识提炼出来、展示出来，把优秀传统文化中具有当代价值、世界意义的文化精髓提炼出来、展示出来。我们要认真研

---

① 《习近平:决胜全国建成小康社会 夺取新时代中国特色社会主义伟大胜利——在中国共产党第十九次全国代表大会上的报告》,新华网北京 10 月 27 日电。

究分析中华文化在国外的传播广度及被接受程度，搞清国外民众对于我国文化和价值观还存在哪些误解，明确中华文化需要对外传播的内容是什么，找出有效传播的现实途径。要创新叙事方式，建立行之有效的传播机制，不断提升中华文化影响力。要把握大势、区分对象、精准施策，主动宣介习近平新时代中国特色社会主义思想，主动讲好中国共产党治国理政的故事、中国人民奋斗圆梦的故事、中国坚持和平发展合作共赢的故事，让世界更好了解中国。

拓宽传播渠道，创新中华文化产品。文化的对外传播是一个国家对外交流的重要组成部分，是一个国家软实力实现的重要途径。创新文化传播机制是中国实现文化强国，构建文化软实力的有效方式。随着中国在国际上影响力的上升，构建全新的文化传播机制成为中国对外交往的现实选择。习近平总书记要求："完善国际传播工作格局，创新宣传理念、创新运行机制，汇聚更多资源力量。"[1] 各类文化交流活动是中华文化对外传播的主要渠道，在以政府倡导和投入为主的同时，还要增加多层次的交流协作，增加民间人士、艺术组织的影响力和传播力。语言学习交流也是文化传播的有效渠道。语言是文化的载体，中文在世界上传播和被接受的广度和程度对于中华文化的有效交流与传播至关重要。如果能让更多的外国友人、中文爱好者、学者使用中文创作并传播，中华文化的影响力就会更大，中华文明对世界的贡献也会更大。

载于《红旗文稿》2021年第7期

---

[1] 习近平：《论党的宣传思想工作》，北京：中央文献出版社，2020年版，第342页。

构建人类命运共同体的中国贡献

江时学

上海大学特聘教授

在博鳌亚洲论坛2021年年会开幕式上的主旨演讲中,习近平主席发出倡议:"亚洲和世界各国要回应时代呼唤,携手共克疫情,加强全球治理,朝着构建人类命运共同体方向不断迈进。"[①] 构建人类命运共同体是一个美好的目标,也是一个需要一代又一代人接力才能实现的目标。中国是世界和平的建设者、全球发展的贡献者、国际秩序的维护者,在构建人类命运共同体的伟大进程中,在维护世界和平、确保普遍安全、促进世界繁荣、推动文明互鉴和倡导绿色发展等方面都作出了积极的、重要的贡献。

一、为世界和平作出贡献

习近平主席在博鳌亚洲论坛2013年年会上的主旨演讲中指出,和平是人民的永恒期望。和平犹如空气和阳光,受益而不觉,失之则难存。没有和平,发展就无从谈起。中国在历史上经常遭受外强欺凌,尤为懂得和平的珍贵。中国无论发展到什么程度,都永远不称

---

① 《同舟共济克时艰,命运与共创未来——在博鳌亚洲论坛2021年年会开幕式上的视频主旨演讲》,新华社北京2021年4月20日电。

霸、不扩张、不谋求势力范围，不搞军备竞赛。作为世界上人口最多的国家和联合国安理会常任理事国，中国为维护世界和平作出了重要贡献。

积极倡导和平理念。理念是行动的指南。在和平共处五项原则、构建和谐世界及新型大国关系等和平外交理念的基础上，中国还提出了两个"构建"，即推动构建相互尊重、公平正义、合作共赢的新型国际关系及推动构建人类命运共同体。新型国际关系和人类命运共同体的核心就是合作共赢。在国际交往中，中国始终秉持这一理念，在和平共处五项原则的基础上同世界各国发展友好合作关系，促进了国家间的和平共处与平等相待。坚持与邻为善、以邻为伴、睦邻友好的方针，以亲诚惠容的理念处理与周边国家关系。积极参与处理国际和地区热点问题，既承担着广泛的国际义务，也发挥着负责任的建设性作用。

积极参与联合国维和行动。作为联合国安理会常任理事国之一，中国在维和行动中发挥着重要作用。2015年9月28日，国家主席习近平在美国纽约出席联合国维和峰会时，提出了中国参与联合国维和的四个主张：恪守维和基本原则；完善维和行动体系；提高快速反应水平；加大对非洲的帮扶。此外，习近平主席还宣布，为支持改进和加强联合国维和行动，中国将实施六大举措，其中包括：加入新的联合国维和能力待命机制，建设一支8000人规模的维和待命部队；积极考虑应联合国要求，派更多工程、运输、医疗人员参与维和行动；为各国培训维和人员；将中国-联合国和平与发展基金的部分资金用于支持联合国维和行动；等等，为促进世界和平发挥了重要作用。

二、为普遍安全作出贡献

在博鳌亚洲论坛2021年年会开幕式上的主旨演讲中,习近平主席指出:"人类社会面临的治理赤字、信任赤字、发展赤字、和平赤字有增无减,实现普遍安全、促进共同发展依然任重道远。"[①] 普遍安全是世界各国在非传统安全领域追求的目标。中国秉持人类命运共同体理念,为人类普遍安全作出重要贡献。

提出亚洲安全观和新安全观。作为亚洲国家,中国当然希望亚洲能实现普遍安全。在亚洲相互协作与信任措施会议第四次峰会上,习近平主席提出了共同、综合、合作、可持续的亚洲安全观。共同,就是要尊重和保障每一个国家安全。综合,就是要统筹维护传统领域和非传统领域安全。合作,就是要通过对话合作促进各国和本地区安全。可持续,就是要发展和安全并重以实现持久安全。2016年9月3日,习近平主席在二十国集团工商峰会开幕式上的主旨演讲中将共同、综合、合作、可持续升格为新安全观。

积极参与全球安全治理。全球安全问题的应对之道就是全球安全治理。随着中国国际地位的稳步上升和综合国力的不断增强,中国参与全球安全治理的愿望和能力与日俱增。中国坚决支持国际反恐怖斗争,先后同70多个国家和地区深度开展打击网络犯罪合作,提出责任共担、社会共治的国际禁毒合作方案,联合各国开展国际追逃追赃、打击电信诈骗等执法行动,全面参与联合国、国际刑警组织、上海合作组织、中国-东盟等国际和区域合作框架内的执法安全合作,

---

① 《同舟共济克时艰,命运与共创未来——在博鳌亚洲论坛2021年年会开幕式上的视频主旨演讲》,新华社北京2021年4月20日电。

创建了湄公河流域执法安全合作机制，建立了新亚欧大陆桥安全走廊国际执法合作论坛。

此外，中国还不断推进平安中国建设，为人类普遍安全作出一定贡献。中国拥有14亿多人口，实现本国的发展和安全稳定就是对世界的贡献。中国社会安定有序，人民安居乐业，越来越多的人认为中国是世界上最安全的国家之一，平安中国成为一张亮丽的国家名片。

三、为世界繁荣作出贡献

中国的发展是世界发展事业的重要组成部分。中国为世界繁荣作出的贡献，就是努力加快自身的发展，不断扩大对外开放，同时不忘援助其他发展中国家。我们把自己的事情做好，这本身就是对构建人类命运共同体的贡献。

完成了消除绝对贫困的艰巨任务。作为世界上人口最多的发展中国家，中国在迎来中国共产党成立100周年的重要时刻，脱贫攻坚战取得了全面胜利，现行标准下9899万农村贫困人口全部脱贫，832个贫困县全部摘帽，12.8万个贫困村全部出列，区域性整体贫困得到解决。联合国秘书长古特雷斯曾致函习近平主席，认为中国脱贫攻坚的重大历史性成就，为整个国际社会带来了希望，提供了激励。

不断扩大对外开放。在博鳌亚洲论坛2021年年会开幕式上的主旨演讲中，习近平主席指出，开放是发展进步的必由之路，也是促进疫后经济复苏的关键。1978年以来，中国始终不渝地坚持对外开放的基本国策，奉行互利共赢的开放战略，不断提升发展的内外联动性，在实现自身发展的同时更多惠及其他国家和人民，乐于为其他国家的发展提供"搭便车"的良机。近几年，除进一步放松对外资的限制和大幅度降低关税以外，中国还提出了"一带一路"倡议，成立了亚洲基础设施投资银行，同多个国家签署了高标准的自由贸易协定，积极参与多双边区域投资贸易合作机制，建设粤港澳大湾区，举办国际进口博览会，加入区域全面经济伙伴关系协定，积极考虑加入全面与进步跨太平洋伙伴关系协定，等等。

倡议共建"一带一路"。建设"一带一路"，是以习近平同志为核心的党中央统揽政治、外交、经济社会发展全局作出的重大战略决策，成为构建人类命运共同体的重要实践平台。"一带一路"重大合作倡议提出以来，备受国际社会关注，沿线国家广泛响应。"一带一路"建设，从倡议走向实践、从愿景变为行动，进展和成果明显，合作伙伴众多，影响力和号召力日益增强，为构建人类命运共同体奠定了坚实基础。世界银行的一个研究报告认为，至 2030 年，共建"一带一路"有望帮助全球 760 万人摆脱极端贫困、3200 万人摆脱中度贫困。"一带一路"建设是开放包容的发展平台，是大家携手前进的阳光大道，而不是某一方的私家小路，各国都是平等的参与者、贡献者、受益者。正如习近平主席在博鳌亚洲论坛 2021 年年会开幕式上所说的那样，所有感兴趣的国家都可以加入进来，共同参与、共同合作、共同受益。共建"一带一路"追求的是发展，崇尚的是共赢，传递的是希望。

力所能及地援助其他发展中国家。"一花独放不是春，百花齐放春满园。"中国始终把自身发展和发展中国家共同发展紧密联系起来，支持和帮助发展中国家特别是最不发达国家减少贫困、改善民生，减少全球发展不平等、不平衡现象，使各国人民公平享有世界经济增长带来的利益。

四、为文明互鉴作出贡献

不同文明凝聚着不同民族的智慧和贡献，文明互鉴能消除不同文明之间的隔阂，中国积极开展文明交流互鉴，为推动人类文明进步和促进世界和平发展作出贡献。

为文明互鉴提供中国方案。交流互鉴是文明发展的本质要求。只有同其他文明交流互鉴、取长补短，才能保持旺盛生命活力。但如何进行文明互鉴，则是一个必须要回答的重要问题。2019年5月15日，习近平主席在亚洲文明对话大会开幕式上发表主旨演讲时，提出了加强文明互鉴的中国方案：一是要坚持相互尊重、平等相待；二是要坚持美人之美、美美与共；三是要坚持开放包容、互学互鉴；四是要坚持与时俱进、创新发展。这一方案既表达了中国为推动文明互鉴作出贡献的良好愿望，也体现了各国在推动文明互鉴时应该奉行的原则；既阐述了文明互鉴的重要意义，也提出了开展文明互鉴的方式方法。

积极热情请进来。文明互鉴是双向的。在推动中外人文交流时，中国十分重视请进来，一个重要的方式就是将国外出版的书籍译成中文后在中国出版。此外，还经常性地邀请外国艺术家来华演出或举办各种形式的展览和展映。据报道，世界级经典音乐剧《猫》三次来华演出。青年人是未来的希望，也是文明的传播者。中国的许多高校都接纳了为数不少的外国留学生。他们既能在中国学习知识，了解中国，也能将中国的文化带回去，将其祖国的文化带到中国。

将中国领导人著作译成外文后在国际上发行。毛泽东、邓小平、江泽民、胡锦涛和习近平等中国领导人都出色地秉承了中华文明中与治国理政有关的优秀理念。这一理念体现了他们在治国理政中积累的宝贵经验，同时也彰显了中华文明的精髓。因此，将中国领导人的著作译成外文后在国际上发行，既能推动文明互鉴，也能使国际上更多的人理解中国。《习近平谈治国理政》一书自 2014 年 9 月 28 日公开发行第一卷中文版以来，已被译为 20 多种外国语言，受到了世界各地政治家、学者和媒体人士的关注。

五、为绿色发展作出贡献

习近平主席在 2021 年 4 月召开的"领导人气候峰会"上指出，中国将生态文明理念和生态文明建设写入《中华人民共和国宪法》，纳入中国特色社会主义总体布局。中国以生态文明思想为指导，贯彻新发展理念，以经济社会发展全面绿色转型为引领，以能源绿色低碳发展为关键，坚持走生态优先、绿色低碳的发展道路。中国的绿色发展为推动全球气候治理、全球环境治理和全球生态治理作出重要贡献。

践行生态文明观。习近平主席在"领导人气候峰会"上指出，绿水青山就是金山银山。保护生态环境就是保护生产力，改善生态环境就是发展生产力。中国深刻认识到环境和经济发展之间的辩证关系，坚定不移贯彻绿色发展理念，走生态优先、绿色发展之路。摒弃损害甚至破坏生态环境的发展模式，摒弃以牺牲环境换取一时发展的短视做法，让良好生态环境成为全球经济社会可持续发展的支撑。污染防治攻坚战取得关键进展，主要污染物排放量继续下降，生态环境总体改善。同时，作为全球生态文明建设的参与者、贡献者、引领者，中国坚定践行多边主义，努力推动构建公平合理、合作共赢的全球环境治理体系。

积极参与全球气候治理。中国高度重视气候变化问题，以实际行动成为全球生态文明建设的重要参与者、贡献者、引领者，体现出大国担当精神。在国际上，中国为达成应对气候变化《巴黎协定》作出了重要贡献，也是落实这一协定的积极践行者。在国内，中国将应对气候变化作为关系经济社会发展全局的重大议题，纳入经济社会发展中长期规划。2020年，习近平总书记宣布中国将力争2030年前实现碳达峰、2060年前实现碳中和。中国承诺实现从碳达峰到碳中和的时间，远远短于发达国家所用时间。这是中国基于推动构建人类命运共同体的责任担当和实现可持续发展的内在要求作出的重大战略决策，也是中国对推进全球环境治理、实现绿色发展作出的重大努力和贡献。

载于《红旗文稿》2021年第9期

第五篇 人类命运共同体——传承与发展

海洋命运共同体理念内涵及其实现途径

孙 凯

中国海洋大学国际事务与公共管理学院教授

2019年4月23日,习近平主席在青岛会见应邀前来参加中国人民解放军海军成立70周年多国海军活动的外方代表团团长并发表讲话,首次提出了海洋命运共同体理念。习近平主席在讲话中指出,海洋孕育了生命、联通了世界、促进了发展。我们人类居住的这个蓝色星球,不是被海洋分割成了各个孤岛,而是被海洋连结成了命运共同体,各国人民安危与共。海洋命运共同体理念的提出,进一步丰富和发展了人类命运共同体的重要理念,也是人类命运共同体理念在海洋领域中的实践,是实现有效全球海洋治理的行动指南,奏响了推动全球海洋合作的最强音。

一、平等协商,加深海洋事务的合作

海洋命运共同体理念的提出,顺应了时代发展的潮流,具有鲜明的时代意义。我们所居住的地球,海洋面积约占70%。海洋在当今时代,其意义和价值早已超越了早期海洋所具有的"舟楫之便"和"渔盐之利"的价值。海洋是生命之源头,海洋是互通之平台,海洋是发展之动力。在当今全球化深度发展、交通通信工具高度便捷的时代，海洋也不再是一些国际关系学者所言的"stopping waters"（隔离带），而是成为各大陆相连结的纽带，是互联互通的媒介，是人类社会共同发展与繁荣的源头。在这一时代背景下提出构建海洋命运共同体理念，将进一步推动国际社会有识之士重新审视海洋，重新认识人类与海洋之间的关系，重新认识我们所居住的蓝色星球及其未来。

海洋命运共同体理念的提出，体现了在全球海洋治理领域的中国智慧与责任担当。海洋命运共同体理念是人类命运共同体理念在海洋领域中的具体实践，展现了中国对全球海洋治理问题根本性的理念与认知。海洋命运共同体理念，是一种超越了对国家狭隘海洋利益的关切，体现了在海洋事务治理中对全球海洋利益的关切，具有宽广的国际视野与对整个人类关切的情怀。海洋命运共同体理念所体现的中国智慧，包括人与自然和谐的传统理念，也包括实现生态文明的现代意识。海洋命运共同体理念的提出，为实现有效的全球海洋治理提供了重要的中国智慧，展示了中国在全球海洋治理领域中的责任担当。中国作为全球最大的发展中国家，人口约占世界的五分之一。在全球海洋治理的进程中，随着自身的发展与繁荣，中国一定会为国际社会提供更多的公共产品，承担更多力所能及的国际责任和义务，与国际社会一道共同推动全球海洋事务的善治，推动海洋命运共同体理念的实现。

海洋命运共同体理念的提出，为新型海上国际关系的构建指明了正确的方向。实现海洋命运共同体，必然要求国际社会的通力合作与安全保障。海上武装力量的发展与动员能力，以及各国海上武装力量之间合作机制的构建，也会有效应对来自海上的安全威胁挑战，保障国际社会海洋经济发展与海上活动的安全，进而为实现海洋命运共同体提供有力保障。习近平主席在讲话中指出，海军作为国家海上力量主体,对维护海洋和平安宁和良好秩序负有重要责任。海洋命运共同体理念提倡各国海军及其他的海上武装力量进行有效的交流与合作,共同维护海洋秩序,保障海洋事业的和平与安全,推动海洋事业的发展与繁荣,进而推动构建新型的海洋国际关系。新型的海洋国际关系,包括在国际社会的共同努力下,通过平等协商的方式,对旧的海洋法律制度和政策进行修改和完善,在新的理念指引下将海洋事务的国际合作推向新阶段。另外,当今海洋领域,无论在海洋环境保护、海洋资源开发,还是科学考察与探索发现,没有任何一个国家能够单独应对,国际社会在这些问题上都密切相关,这也从根本上要求世界各国通力合作。基于此,要在海洋命运共同体理念指引下,构建新型海上国际关系。

二、共同维护海洋安全

海洋命运共同体是一个具有丰富内涵的理念,它至少包含了海洋事务方面共同的信念、海洋领域共同的安全、面对海洋问题共同的责任、应对海洋事务挑战共同的行动等方面的内容。

海洋命运共同体理念的内容,首先包含一种在海洋事务方面共同的信念。在全球性海洋事务错综复杂、国际社会牵一发而动全身的挑战下,国际社会在海洋领域的相互依存程度日益加深,理解海洋领域事务的治理及推动海洋事务的国际合作,也日益需要从整体性理念出发,对海洋问题进行审视和思考。这需要世界各国在理解和处理海洋事务的过程中,超越单纯的对本国狭隘国家利益的追求,兼顾他国甚至是全球性的海洋利益。这也从根本上要求国际社会具有一种海洋命运共同体意识,并成为指导处理海洋事务的一种共同的信念。只有在这样一种信念的指引之下，才能够凝聚共识并推动行动，进而实现有效应对全球海洋事务所带来的挑战。

海洋命运共同体理念，也包含了在海洋领域国际社会共同拥有的安全方面的内容。海洋事务的安全与稳定，是实现海洋命运共同体最基本的要求，其内容包括在海洋事务中的国家安全、军事安全、经济安全等传统安全的内容，也包括海洋环境安全、海洋能源安全、海洋资源安全等多个非传统安全方面的内容。海洋命运共同体理念包含着维护海洋综合安全方面的内容，而这种安全的维护需要国际社会的共同努力和通力合作。习近平主席在讲话中明确指出，只有共同维护，倍加珍惜海洋的和平安宁，人类世界才能更加美好。海洋安全的维护，需要世界各国在海洋命运共同体这一理念的指导下，加强在海洋领域中的深度交流，拓展海洋领域中的合作，推动海洋事务共识的形成，进而维护海洋领域中的共同安全。

海洋命运共同体理念还蕴含了面对海洋问题国际社会所肩负的共同责任之内容。海洋将世界各国联通起来，但随着人类活动对世界发展影响的加剧，也给海洋领域带来了一系列的挑战。尽管不同国家和个人对这些问题产生的影响不一，但都对这些问题的产生负有不可推卸的责任。而海洋命运共同体理念也蕴含了国际社会在海洋事务中所肩负的共同责任。这种责任依据国家规模和人口规模的大小、科技和工业发展的水平、国家实力等有所区分，也可以将其界定为在海洋事务中"共同的但有区别的责任"。

三、发展海洋科学技术

实现海洋命运共同体，必然要求国际社会在应对海洋事务挑战方面采取共同的行动。在面对海洋事务共同挑战方面,国际社会齐心协力、共同行动是实现海洋命运共同体的必由之路。共同的行动指的是根据国家不同的发展阶段、不同的实力、不同的科技发展水平和不同的规模等,在推动构建海洋命运共同体的进程中作出本国应有的贡献。在推进实现海洋命运共同体的进程中,可能存在一些不和谐的音符,如某些国家无视国际法的单边主义行动、"例外论"的做法,以及传统的冷战思维和强权政治实践等,阻碍海洋命运共同体的实现。习近平主席在讲话中提出,国家间要有事多商量、有事好商量,不能动辄就诉诸武力或以武力相威胁。海洋命运共同体的实现,需要国际社会在海洋命运共同体理念的指引下,基于多边主义进行国际合作,需要国际社会的集体行动。国际社会必须通过推进理念更新、加强制度建设和法律保障等,确保在应对海洋事务挑战中可以集体行动。

海洋命运共同体的实现,还需要强大海洋科学技术的支撑。人类认识海洋,逐渐走向海洋的每一步,都离不开海洋科学技术的发展。只有拥有强大的海洋科学技术,我们才能有效认识海洋、探索海洋,利用海洋和保护海洋。随着海洋科学技术的发展,人类开发和利用海洋的能力越来越强大。在海洋命运共同体理念指引下的海洋科学技术发展,其目的是通过更深入地认识海洋、了解海洋,实现合理利用海洋、有效保护海洋。当今对海洋问题的研究,不仅仅限于个别科学家的"小项目",而是要求来自不同国家的海洋科学家共同合作、全球范围内的"大科学"和"大项目"。海洋科学技术的发展会为海洋命运共同体的构建提供强大的技术支撑,而实现海洋命运共同体的目标,也可以进一步助推国际社会在海洋科学技术领域中的合作。

海洋命运共同体理念的提出,再一次彰显了中国作为一个充满自信、拥有巨大活力的大国在全球海洋事务领域向国际社会贡献的中国智慧和中国方案，也是中国向国际社会的一种"承诺"和责任担当。中国会更积极地履行国际责任和义务，参与和引领国际秩序朝向更为合理、平等与有序的方向发展，践行海洋命运共同体这一理念，在全球海洋治理领域乃至全球治理多个领域提供更多的公共产品，与世界各国齐心协力，共同推进海洋命运共同体建设。

载于《中国社会科学报》2019年6月13日，第5版

人与自然生命共同体理念的哲学意蕴

刘福森

吉林大学哲学社会学院教授

习近平主席 2021 年 4 月 22 日在北京以视频方式出席"领导人气候峰会",并发表题为《共同构建人与自然生命共同体》的重要讲话。在讲话中,习近平主席再次重申了人与自然生命共同体理念。深化对人与自然生命共同体的规律性认识,不仅对于生态文明建设具有重要的实践意义,而且对于生态哲学研究也具有重要的理论价值。

一、人与自然生命共同体理念的概念含义

人与自然生命共同体是一个生态哲学的概念。所谓生态,其含义就是指"生命态"。在汉语中,"态"有形态或状态之义。从这个意义上说,用生态哲学的观点看世界,就是把世界看作一个以"生命形态"生存着的"活的世界"。这样的世界是一个具有组织性、秩序性的巨大系统。所谓生命态,就是指这个生态系统相对稳定的"平衡态",所谓生存就是指这一系统的"自组织""自维生"的活动。所谓生存价值就是这个生命系统所追求的最高价值。

但是,在自然界中不仅有鸟兽鱼虫等生命个体的存在,也有山川

土石等非生命物体的存在，那么，我们又如何把"人与自然的关系"看成是一个生命的"共同体"呢？生态科学和生态哲学都为我们提供了理解这个问题的根据：虽然我们不否认自然界中有非生命物的存在，但是，当这些非生命的物体进入到这个系统的组织以后，它们就必须服从这个生命系统的组织与秩序，因而也就成了这个生命系统的内在要素和组成部分。因此，生态哲学认为，生态系统就是自然界的"生命系统"，自然的世界，就是一个生命世界。承认了自然界是一个生命的世界，就必然引出"人与自然"是一个"生命共同体"的论断。人与自然都是生命，生命之间具有共同的属性，服从着同一种秩序，遵循着相同的原理，具有相同的追求生存的"价值指向"。正是在这个意义上，我们必须承认人与自然是一个生命共同体。

人与自然的生命共同体是一个"命运共同体"。这里使用的命运概念，是指生命有机体所具有的一种不可改变的、必然的行为趋势、价值指向和最终归宿。生存是生命的天命，因而生存就是一切生命不可改变的命运。同样，如果没有人与自然的和谐共生，也就不能维持人与自然这个生命共同体的可持续生存。因此，人类必须顺势而行，尊重自然生命，保护自然，把实现人与自然的和谐共生看作是人与自然这一生命共同体得以保全的必要条件。

二、形成人与自然生命共同体理念的历史逻辑

从古代的农业文明经过近代的工业文明到当代的生态文明，人与自然的关系经历了一个历史的"否定之否定"的演变过程。这一过程，也是人与自然生命共同体理念的形成过程。

农业文明中的人与自然的关系是以自然为中心的。这种文明的主

要生产方式是农业生产,而农业生产的基本特征就是它的"自然性":这种生产是由"自然生命"直接进行的,而不是由人直接进行的,因而是一种"自然性生产"——粮食是庄稼自己长出来的,而不是由人在生产过程中制造出来的,从这个意义上说,"庄稼"才是真正的"生产者"。而农民的劳动只是为这种生产创造一个比较好的外部条件,"帮助庄稼"进行生产而已。农民在生产中的作用,只是提高了产品的质量和数量。在这种生产中,决定产品的质量和数量的主要条件是自然条件(种子的优劣,土地肥沃还是贫瘠,风调雨顺还是旱涝成灾)。农业生产中这种特殊的人与自然的关系,从根本上决定了人与自然的全部关系都是以自然为中心的关系。

工业文明中的人与自然的关系是以人类为中心的。到了工业文明时代,人与自然的关系发生了根本变化,从农业文明时代的以自然为中心逐步转变为以人类为中心。工业生产的生产方式所具有的特殊性质,从根本上决定了人在整个社会生活中的主导地位。工业生产已经不是人对自然的顺从,而是对自然界的改造,从而创造一个在自然界本来不存在的"人造物";整个生产过程都是由人进行的,人真正成为生产的主体,让自然服从人的意志。从个别人的观点看来,似乎"自动化生产"没有人的参与,仅仅是自然物(机器、电脑)在进行生产。而实际上,在生产中劳动资料的运动,不过是人的"过去劳动"在运动,因而是人的"过去劳动"在进行生产,生产的全部产品,都是人的劳动的结果。

因此,人们关于人与自然关系的哲学意识,也从农业文明时代的自然中心主义转向人类中心主义。文艺复兴的最高成就是"人的发现",从此人类步入了"青年时代"。人开始发现自己是一个不同于自然的存在,是自然界的主人,而自然则被看作是满足人类欲望的物质材料，完全是为人而存在的。再经过启蒙运动，人把自己塑造成为一个无所不能的主体，他意气风发，斗志昂扬，喊出了"为自然立法""给我一个支点，我就能撬动整个地球"的激动人心的口号。"只要'想做'的，就是'应当做'的"的伦理箴言，成为这个时代人的基本信念。工业文明时代的人类中心主义的哲学与伦理意识，否定和取代了农业文明时代的自然中心主义的哲学与伦理意识。在这种哲学看来，自然不可脱离人而独立存在，而只能依赖于主体（人）。

在当代，我们所要构建的生态文明中的人与自然的关系，是人与自然和谐共生的关系。现在，人类已经开始从人类中心主义的盲目自信中走出来，用一种新的哲学反思自己、批判自己，力图找到一条能够解决当前所面临的生存困境的正确道路。这时，人们既看到了人类为了生存而改造自然的必要性，也重新认识到了维护自然生命系统的稳定与平衡的必要性。我们正在进行的生态文明建设，是对工业文明中形成的那种以人类为中心的人与自然关系的否定，也是对农业文明的以自然为中心的人与自然关系的否定，其中每一次否定都不是简单的抛弃，而是在吸收对立面所包含的合理因素的基础上，克服对立、走向和谐统一的螺旋式上升的过程。因此，人与自然的关系经过了否定之否定的曲折道路之后，我们要创建的新的文明，应当是人与自然和谐共生的生态文明。在这种文明中，人与自然就是一个生命共同体，而不是争夺各自利益的敌人，人与自然的和谐共生，成为生态哲学的最为重要的价值。

但是，西方的生态学家们却沉浸在自然中心主义与人类中心主义争论之中，企图把当代的生态哲学建立在自然中心主义的基础之上，用农业文明时代的自然中心主义的生态意识代替人与自然和谐共生的生态意识。马克思曾经说过，任何真正的哲学都是自己时代精神的精华,是文明的活的灵魂。黑格尔也说过,哲学是思想中所把握到的时代,妄想一种哲学可以超出它那个时代,这与妄想个人可以跳出他的时代,跳出罗陀斯岛,是同样愚蠢的。我们当代所需要的生态哲学,是人与自然和谐共生的生态哲学,而不是自然中心主义的生态哲学。当代西方的自然中心主义生态哲学从根本上堵塞了实现人与自然和谐共生的道路,也使得人与自然生命共同体失去了存在基础。

三、人与自然和谐共生的生态限度

人与自然和谐共生是当代生态哲学追求的核心价值。人的生存离不开自然环境,一个好的自然环境是人类生存的必要条件。同样,人的生存也离不开改造自然的生产活动,因为人的生产活动是获得物质生活资料的唯一途径。要想实现人与自然的和谐共生,就在于确立一个人类活动的"生态限度"。所谓生态限度,是指生态系统对人的生产和消费活动所造成的破坏力的承受限度,也可以看成是自然生态系统对人的活动的"容忍度"。这个生态限度就是生态系统的稳定的平衡态。自然系统本身具有自我修复机制——当系统受到人的实践活动的干扰破坏时,系统能够自发地消解人的生产活动对生态系统所造成的破坏,使自身恢复到本来的相对稳定的平衡状态。自然系统的这种自我修复机制为人的实践活动提供了一种"可能性空间":在这个生态限度内,人的物质资料的生产活动不会打破自然系统的稳定平衡,人与自然的关系表现为一种合作关系,人与自然成为生命共同体,自然的生命与人的生命能够实现和谐共生。但是,如果人的生产活动对生态系统的破坏超出了这个"生态限度",人与自然的和谐共生关系马上就会转变为对立和冲突关系,其直接的后果就是自然系统的垮塌，人的生命与自然的生命都会失去存在的条件，人与自然生命共同体也将自动解体。

为了把人的活动的负面效应限制在生态限度以内，我们应当作出以下两方面的努力：第一，杜绝浪费，以便减少对自然资源的挥霍，也能够减少生产的、生活的垃圾向生态系统的过度排放。第二，倡导生态生产。这里的生态生产是指人类通过自己的积极活动对生态系统要素的再生产。这种生产不是由生态系统本身进行的对生态系统要素的生产——系统的自我修复，而是由人类进行的对生态系统的人工修复。例如，风力发电、太阳能发电、对固体垃圾的处理、对生产和生活污水的治理、植树造林绿化国土等活动都属于生态生产。人类进行的生态生产与自然系统的自我修复是人与自然相互扶持的"共同行动"。我们通常所说的生态建设，主要是指由人进行的生态生产。生态生产是人类自觉进行的帮助生态系统进行自我修复的活动，是维持生态系统稳定平衡的一种特殊的生产形式；这种生产的目的，不是要获得人类需要的物质生活资料，而是要维持生态系统的稳定和平衡，因而它不同于通常意义上的物质生活资料的生产。

载于《中学政治教学参考》2022年第4期

把握人与自然生命共同体
理念的丰富内涵

曹前发

中央党史和文献研究院研究员

在 2021 年 4 月 22 日召开的"领导人气候峰会"上,习近平主席全面系统阐释了人与自然生命共同体理念的丰富内涵和核心要义,完整揭示了对人与自然生命共同体的规律性认识,并表示,面对全球环境治理前所未有的困难,国际社会要以前所未有的雄心和行动,勇于担当,勠力同心,共同构建人与自然生命共同体。

人与自然生命共同体理念,汲取中国传统生态智慧,借鉴人类文明有益成果,是对马克思主义关于人与自然关系思想的继承和发展,对世界积极应对气候变化挑战、加强生态文明建设、谋求人与自然和谐共生之道,具有重要意义。我们可从坚持人与自然和谐共生、坚持绿色发展、坚持系统治理、坚持以人为本、坚持多边主义、坚持共同但有区别的责任原则等方面,深刻把握人与自然生命共同体理念的丰富内涵。

一、坚持人与自然和谐共生

中华文明历来崇尚天人合一、道法自然,追求人与自然和谐共生。习近平主席在"领导人气候峰会"上以视频方式发表讲话指出,

"大自然是包括人在内一切生物的摇篮,是人类赖以生存发展的基本条件。大自然孕育抚养了人类,人类应该以自然为根,尊重自然、顺应自然、保护自然。""我们要像保护眼睛一样保护自然和生态环境,推动形成人与自然和谐共生新格局。"①

中华民族向来尊重自然、热爱自然,中华文明孕育着丰富的生态文化。"子钓而不纲,弋不射宿",意思是不用大网打鱼、不射夜宿之鸟,反对"竭泽而渔""焚薮而田"的做法。这些关于对自然要"取之以时、取之有度"的思想,具有十分重要的现实意义。

马克思认为,不以伟大的自然规律为依据的人类计划,只会带来灾难。恩格斯指出,我们每走一步都要记住:我们决不像征服者统治异族人那样支配自然界,决不像站在自然界之外的人似的去支配自然界——相反,我们连同我们的肉、血和头脑都是属于自然界和存在于自然界之中的。马克思和恩格斯强调了自然、环境对人具有客观性和先在性,人们对客观世界的改造,必须建立在尊重自然规律的基础之上。

我国建设社会主义现代化具有许多重要特征,其中之一就是我国现代化是人与自然和谐共生的现代化。对此,必须坚持人与自然和谐共生,牢固树立"绿水青山就是金山银山"的理念,动员全社会力量推进生态文明建设,走出一条生产发展、生活富裕、生态良好的文明发展道路。

二、坚持绿色发展

生态环境问题归根结底是发展方式和生活方式问题。习近平主席

---

① 《共同构建人与自然生命共同体——在"领导人气候峰会"上的讲话》,载《人民日报》,2021年4月23日,第2版。

在"领导人气候峰会"上讲话指出:"保护生态环境就是保护生产力,改善生态环境就是发展生产力,这是朴素的真理。"①

新冠肺炎疫情全球大流行,推动世界百年未有之大变局加速演进,也加深了人们对人类社会发展问题的思考,加深了人们对形成绿色发展方式和生活方式重要性的认识。面向未来,我们必须贯彻绿色发展理念。以经济社会发展全面绿色转型为引领,以能源绿色低碳发展为关键,加快形成节约资源和保护环境的产业结构、生产方式、生活方式、空间格局,把经济活动、人的行为限制在自然资源和生态环境能够承受的限度内,给自然生态留下休养生息的时间和空间,坚定不移走生态优先、绿色低碳的高质量发展道路,让良好生态环境成为全球经济社会可持续发展的支撑。

三、坚持系统治理

保护生态环境,不能头痛医头、脚痛医脚,必须注重系统治理。习近平主席在"领导人气候峰会"上讲话指出:"我们要按照生态系统的内在规律,统筹考虑自然生态各要素,从而达到增强生态系统循环能力、维护生态平衡的目标。"②

需要看到,生态是统一的自然系统,是相互依存、紧密联系的有机链条,我们需用系统论的思想方法看问题,寻求新的治理之道。要遵循生态系统的内在规律,坚持节约优先、保护优先、自然恢复为主的方针,给自然生态留下休养生息的空间;要划定生态红线,把良好的生态系统尽可能保护起来;要加快形成自然保护地体系,完善生物

---

① 《共同构建人与自然生命共同体——在"领导人气候峰会"上的讲话》,载《人民日报》,2021年4月23日,第2版。

② 同①。

多样性保护网络,在空间上对经济社会活动进行合理限定,形成人与自然和谐共生的格局。

四、坚持以人为本

生态环境关系各国人民的福祉。习近平主席在"领导人气候峰会"上强调:"我们必须充分考虑各国人民对美好生活的向往、对优良环境的期待、对子孙后代的责任,探索保护环境和发展经济、创造就业、消除贫困的协同增效,在绿色转型过程中努力实现社会公平正义,增加各国人民获得感、幸福感、安全感。"[①]

发展经济是为了民生,保护生态环境同样也是为了民生。我们要建设的现代化是人与自然和谐共生的现代化,既要创造更多物质财富和精神财富以满足人民日益增长的美好生活需要,也要提供更多优质生态产品以满足人民日益增长的优美生态环境需要。对此,必须把生态文明建设摆在全局工作的突出地位,积极回应人民群众所想、所盼、所急,坚持生态惠民、生态利民、生态为民,让良好生态环境成为人民幸福生活的增长点。

五、坚持多边主义

气候变化日益成为全人类面临的共同挑战,应对气候变化是全人类共同的事业。习近平主席在"领导人气候峰会"上讲话指出:"作为全球生态文明建设的参与者、贡献者、引领者,中国坚定践行多边

[①] 《共同构建人与自然生命共同体——在"领导人气候峰会"上的讲话》,载《人民日报》,2021年4月23日,第2版。

主义,努力推动构建公平合理、合作共赢的全球环境治理体系。"①

党的十八大以来,中国在生态文明建设方面大胆实践,环境保护卓有成效,也为世界生态治理提供了可借鉴的经验,中国生态文明建设的理论与实践得到国际社会广泛赞誉。中国还宣布,力争2030年前实现碳达峰、2060年前实现碳中和。这是中国基于推动构建人类命运共同体的责任担当和实现可持续发展的内在要求作出的重大战略决策。面向未来,要坚持以国际法为基础、以公平正义为要旨、以有效行动为导向,维护以联合国为核心的国际体系,遵循《联合国气候变化框架公约》及其《巴黎协定》的目标和原则,努力落实2030年可持续发展议程;强化自身行动,深化伙伴关系,提升合作水平,在实现全球碳中和新征程中互学互鉴、互利共赢。

六、坚持共同但有区别的责任原则

共同但有区别的责任原则是全球气候治理的基石。习近平主席在"领导人气候峰会"上指出:"发达国家应该展现更大雄心和行动,同时切实帮助发展中国家提高应对气候变化的能力和韧性,为发展中国家提供资金、技术、能力建设等方面支持,避免设置绿色贸易壁垒,帮助他们加速绿色低碳转型。"②

气候变化带给人类的挑战是现实的、严峻的、长远的,需要世界各国心往一处想、劲往一处使,同舟共济、守望相助。在共同承担相关责任的基础上,还要看到,广大发展中国家正面临抗击疫情、发展

---

① 《共同构建人与自然生命共同体——在"领导人气候峰会"上的讲话》,载《人民日报》,2021年4月23日,第2版。

② 同①。

经济、应对气候变化等多重挑战，需要充分肯定他们应对气候变化所作的贡献，照顾其特殊困难和关切。世界各国人民要携手合作，秉持人与自然生命共同体理念，共同建设一个更加清洁美丽的世界。

载于《经济日报》2021年7月7日，第11版

人类的生态位美德与生命共同体繁荣

龙静云

华中师范大学教授、马克思主义理论与中国实践协同创新中心研究员

习近平总书记指出,人与自然是生命共同体,人类必须尊重自然、顺应自然、保护自然。2021年以视频方式出席"领导人气候峰会"时,习近平主席进一步强调,面对全球环境治理前所未有的困难,国际社会要以前所未有的雄心和行动,勇于担当,勠力同心,共同构建人与自然生命共同体。习近平总书记关于共同构建人与自然生命共同体的重要论述表明,人类作为生命共同体的一员,必须坚守自己在生态系统中的正确位置并履行生态位美德,这对于生命共同体的繁荣和发展而言,无疑有着非常重要的意义。也唯其如此,人类才能造福生命共同体,同时也造福人类自身。

一、生命共同体中不同生命之间的关系

所谓"生命共同体",是指人类及居于地球之上、天空之下所有不同种类、不同形式的生命所构成的有机全生命体,以及这个全生命体中各种生命之间相互依存、相互制约的关系。理解生命共同体,应重点把握以下两个方面:

人类与其他各种形式的生命相互依存和共生。自然经过亿万年的

演化，创造出适合各种生命生存发展的环境和条件，这说明自然具有强大的创造力和持久的生命力，自然界各种形式的生命也因此形成了一个活生生的生命共同体。在这个共同体中，每种生命都是独特的，各种生命之间的关系是你中有我、我中有你的互相依存关系。人类作为大自然创造出的高级生命，它对于自然和自然共同体中的其他生命来说，是依赖与被依赖的关系。对这一点，马克思的见解独到而深刻。马克思说，自然界，就它自身不是人的身体而言，是人的无机的身体。人靠自然界生活。这就是说，自然界是人为了不致死亡而必须与之处于持续不断的交互作用过程的、人的身体。因此，自然是人类的母亲，是人类生存发展的先决条件。一旦离开或失去自然，人类便无所依存，且将走上毁灭之旅。反之，大自然也需要人类。这是因为，若没有人类的实践性活动，自然及生活在自然世界中的其他生命，由于未能与人类形成休戚与共的关系而只能是"被确定为与人分隔开来的自然界"。正是因为有人类的共在及人类对自然发展规律的认识和把握，才使得人类更好地参与到自然生命之中，自然所具有的丰富价值和审美意义才能被认识和得以呈现。

人类与其他各种形式的生命互利共荣。自人类产生以来，人类在大自然和其他生命的恩赐与馈赠中走到现在，也必将在大自然和其他生命的恩赐与馈赠中走向未来。因而人类必须学会以利自然、荣自然的方式实现人与自然一荣俱荣的共荣目标。人类若是以损害自然的方式来满足自己的需要，则最终不仅难以实现自己的利益，反而会造成自然与人类一损俱损的共损结局。历史业已证明，当人类善待自然，能动地适应自然和有效地利用自然且保护自然时，大自然就会加倍地回报和恩惠人类；当人类以掠夺性的方式向自然索取资源和猎杀其他生命以满足一己之利时，大自然必然在适当的时候给人类以无情惩罚。正因如此，恩格斯曾告诫说："我们不要过分陶醉于我们人类对自然界的胜利。对于每一次这样的胜利，自然界都对我们进行报复。"世界自然基金会发布的2020年《地球生命力报告》显示，自1970年至2020年，人类将地球的生命维持系统推向了边缘，使动物的种群数量平均下降了68%。这表明，人类与自然万物的关系是我利万物，万物利我；我损万物，万物损我的相互制约关系。在生命共同体中，人类只有超越片面的利己、荣己而走向利它、荣它，生命共同体的生生不息和繁荣昌盛才能实现。

二、人类在生命共同体中的正确位置及其美德

"生态位"是近年来开始流行的一个生态学术语，其意是指一个种群在自然生态系统空间上的位置，以及这个种群与自然及其他种群之间的功能和价值关系。作为生态系统中的一员，人类显然有属于自己的生态位，但人类的生态位不是人类在生态系统中的某一固定区域，而是指人类的活动有其特定的边界并受特定规则的约束。古希腊哲学家亚里士多德强调，人与人在交往关系中要做到恰到好处，既无过及、又无不及，只有这样的行为才是善的。这也启示我们，人类在与自然界打交道的过程中，必须将自己置于正确的生态位并把自身的活动限定在既无过及、又无不及的范围之内，唯其如此，才能有效发挥人类对生态系统的独特功能和价值。

近代以来，在人与自然的关系问题上，有两种代表性观点：人类中心主义与生态中心主义。前者认为人类是世界的中心与主体，自然界的价值就是为人类的需要、利益与福祉服务；而后者认为，相较于人类，生态系统无疑具有更大的价值与意义，因而人类的实践活动不

只是为自身的发展与繁荣服务，还应该为生态系统的发展与繁荣服务。不得不说，生态中心主义比人类中心主义的确前进了一大步，但又存在着某种弱化人类价值与意义的倾向。事实上，人类作为自然世界的一名成员，它不是自然世界的中心，也不是自然和生态的婢女。对人类在生命共同体中正确位置的追问，实质上是对人类究竟以何种方式求生存、求发展，并以何种美德与其他生命平等共存的追问。中国传统生态哲学告诉我们，人类必须坚持"不违背"的生态哲学智慧。孟子曾这样说过："不违农时，谷不可胜食也；数罟不入洿池，鱼鳖不可胜食也；斧斤以时入山林，材木不可胜用也。谷与鱼鳖不可胜食，材木不可胜用，是使民养生丧死无憾也。"这里，孟子之言仅有61个字，而"不"字在其中就出现了7次。很显然，孟子在这里表达了深刻的生态智慧。美国生态学者桑德勒认为，人类对自然属性和自然世界的正确认知，是建立在关心、爱和尊重的美德之上。马克思明确说过，不以伟大的自然规律为依据的人类计划只会带来灾难。这更是令人振聋发聩的真理。这表明，在强大无比的大自然面前，人类要满怀敬畏之心，做到不挑战、不对抗、不违背自然规律，不破坏和污染生态环境，这是人类首先应具备的生态位美德。

诚然，人类必须依靠自然以供养自己的生命，但又必须反哺自然以滋养自然的生命。这就意味着，在生命共同体中，人类既能够顺应自然规律，也必须利用自然规律为自己服务，以推进生产力的发展和社会进步；与此同时，人类又必须充分尊重大自然和生命共同体中其他生命的需要和利益，维护地球全生命系统的完整性。人类并无绝对权力去无节制地掠夺自然和剥夺其他生物物种的生命，人类的另一生态位美德是要运用人类的知识、智慧与科技，合理节用自然之利，反哺滋养自然之生，促进生命共同体的繁荣发展。

三、人类履行生态位责任是促进生命共同体繁荣的关键

马克思和恩格斯在谈到近代以来人的理性扩张造成人与自然严重对立时指出，破解人与自然紧张关系的出路在于"人与自然的和解"。而"和解"的路径恰恰是作为高级生物的人类必须承担起生态位责任。也就是说，生态位责任是人类生态位美德的核心，人类要在生态位责任的引领下，按照自然规律科学、合理地安排人类的生产和生活，并对自然的恩惠予以回报。

人类的生态位责任包括补偿性责任与前瞻性责任。德国学者约纳斯将责任区分为追溯性责任与前瞻性责任。这为人类履行生态位责任提供了有益启迪。追溯性责任也就是补偿性责任，它要求人类必须对人类活动已经破坏的自然生态环境负责，竭尽全力进行环境治理和生态修复；而前瞻性责任则是指人类必须对自己的经济政治决策、科学技术创新、生产方式和生活方式等对生态环境可能造成的负面影响进行科学评估与预测，从而择优弃劣而行。无论是履行补偿性责任还是前瞻性责任，都要求人类通过生态环境立法、政府的制度设计、公民的生态道德践行乃至国际社会的协同合作，一方面弥补、修复我们已造成的自然生态环境破坏，另一方面有效预防人类对生命共同体造成更进一步的伤害。

诚然，人类履行生态位责任的根本途径是推进绿色发展，建设生态文明。因为这是既符合自然规律、也符合人类需要的社会实践。推进绿色发展，建设生态文明，不是人类既可以享有、又可以放弃的权利，而是人类不可推卸的责任。履行这一责任包含着"肯定性"与"否定性"两方面的现实要求。就肯定性要求而言，就是人类要将符

合绿色发展与生态文明要求的理念、技术、政策、法律、方案等运用于绿色发展与生态文明建设实践之中；从否定性要求看，就是决不以牺牲生态环境和其他物种的生命来换取人类的利益和发展，彻底摒弃那些非绿色、非生态与反绿色、反生态的理念、技术、政策、法律、方案，实现生产方式、生活方式、科技创新方式的绿色化变革，从源头上防范生态环境危机的再次发生，以造福生命共同体。

载于《光明日报》2021年7月19日，第15版

构建人类命运共同体的中国理念*

叶麒麟

华侨大学国际关系学院副院长、教授

党的十八大以来,以习近平同志为核心的党中央科学把握当今世界发展的总趋势,深刻揭示当今国际关系发展的特征和规律,顺应和平、发展、合作、共赢的时代潮流,高瞻远瞩地提出了旨在建设持久和平、普遍安全、共同繁荣、开放包容、清洁美丽的世界这一人类命运共同体理念。该理念的世界意义在于对和平、发展、公平、正义、民主、自由的全人类共同价值的弘扬,在于对西方资本主义全球化缺陷的应对,在于化解人口、环境、资源、经济、政治、恐怖主义、安全等全球性的挑战,这是我们党针对"世界怎么了、我们怎么办"的时代之问所提出的中国方案,体现出我们党为人类谋进步、为世界谋大同的责任与目标,体现出中国人民与世界人民同呼吸共命运的真诚担当。然而,一些人基于某些特定的道路经验,对于共商共建共享抱有疑虑,更不相信一个国家的崛起怎么会没有殖民、掠夺、战争和强迫性文化输出。这种根本性的误判,在于他们不了解中国提出构建人类命运共同体乃是中国制度文明的逻辑使然。因此,有必要讲清楚构建人类命运共同体的中国理念。

首先,构建人类命运共同体,是我们党和国家坚持走和平发展道路的必然要求,是从对历史、现实、未来的客观判断中做出的选择。

---

* 本文系华侨大学统战工作研究专项课题(TZZD-202001)阶段性成果。

中国共产党和中国人民从苦难中走过来，深知和平的珍贵、发展的价值。消除战争，实现和平，建设独立富强、民生幸福的国家，是近代以来中国人民孜孜以求的奋斗目标。新中国成立后，我们确立了独立自主的和平外交政策，大力倡导和平共处五项原则，全面发展同各国的友好交往和互利合作。随着中国特色社会主义进入新时代，中国外交面临着全球化不可逆的潮流下世界百年未有之大变局的时代挑战和实现中华民族伟大复兴中国梦的时代机遇。以习近平同志为核心的党中央多次表明，中国将坚持走和平发展道路，主张只有以相互尊重、公平正义、合作共赢原则为基础，才能真正建设符合世界上绝大多数国家和人民所期盼的新型国际关系。

正如习近平总书记指出的，中国人民的梦想同各国人民的梦想息息相通。实现中国梦，离不开和平的国际环境和稳定的国际秩序，离不开各国人民的理解、支持、帮助。坚持走和平发展道路的精髓就是，通过维护世界和平发展自己，又通过自身发展维护世界和平，因而中国梦与世界梦是相通的。

其次，构建人类命运共同体，彰显了马克思主义中国化的时代精神，是对马克思共同体理论的继承和创新，是对"自由人的联合体"的真正实践。

习近平总书记在庆祝中国共产党成立100周年大会上的重要讲话中指出，中国共产党为什么能，中国特色社会主义为什么好，归根到底是因为马克思主义行！马克思主义是我们认识世界、把握规律、追求真理、改造世界的强大思想武器，是党和国家必须始终遵循的根本指导思想。而马克思主义之所以行，关键在于我们坚定不移坚持以马克思主义为指导，同时创造性地把马克思主义基本原理同中国具体实际相结合，以实事求是的态度发展马克思主义，不断推进马克思主义的中国化，不断开辟马克思主义新境界。

共产主义是马克思主义的最终奋斗目标，而共同体是共产主义的主要特征，因而马克思对个体与共同体关系问题进行了较为深入的思考，在深刻揭示与科学把握整个人类历史发展的客观规律基础上建构起自身的共同体理论。人类命运共同体理念在"现实人"逻辑起点、"人的解放"逻辑主线、"团结与联合"基本理念等方面继承了马克思共同体理论，同时又在由无产阶级到全球化潮流下不同制度、不同发展层次下所有人的解放对象扩大，由社会生活中作为个体存在的"现实的人"到主权国家，包括特殊地区、国际组织、跨国公司的共同体构建主体扩大，将"共同命运"视为共同体纽带的认识提升等方面，对马克思共同体理论有了创新发展。可见，人类命运共同体理念是马克思主义中国化所形成的理论成果，蕴含着马克思主义中国化的逻辑。

再次，构建人类命运共同体，根植于中华文明开放包容的文明根性，是中华文明素来坚持"一体多元"的共同体形态的逻辑延伸。

中华文明素来崇尚"远人不服，则修文德以来之"，推崇"协和万邦、四海一家"，追求天下大同，反对穷兵黩武与扩张征服，从根子上不同于西方含有殖民主义的"帝国"概念。中华文明素来强调"己所不欲，勿施于人"的理念，强调"将心比心""推己及人"的同理心，反对"以眼还眼，以牙还牙"的狭隘观念，反对"先下手为强、后下手遭殃"的先发制人手段，反对非此即彼、唯我独尊的"排他性"心态。中华文明从不进行强加于人的文化输出，更不推行以自我为中心的文化霸权主义，坚持不往而教，坚持文化多样性，润物细无声地包容吸纳异族异质文化，最终形成民族文化共同体。

"和平、和睦、和谐是中华民族5000多年来一直追求和传承的理念，中华民族的血液中没有侵略他人、称王称霸的基因。"这与建立在强调个人至上、个人权利、竞争、民族自决、选举式民主等市民社会基础之上的西方文明有着鲜明差异。这种差异，一方面使得资本主义国家在其主导的全球化进程中采取一系列"逆全球化"和保护主义的举措，出现了"权力与责任"之间的失衡弊病，全球治理赤字严重。作为资本主义全球化缺陷的应对方案，人类命运共同体应运而生；另一方面，使得"和"（和平、和睦、和谐）与"合"（结合、融合、合作）成为中华文明对外进行交流互鉴的哲学基础，进而使得中华文明成为共商共建人类命运共同体的重要媒介。

正如习近平主席在亚洲文明对话大会上强调的，中华文明是在同其他文明不断交流互鉴中形成的开放体系。从历史上的佛教东传、"伊儒会通"，到近代以来的"西学东渐"、新文化运动、马克思主义和社会主义思想传入中国，再到改革开放以来全方位对外开放，中华文明始终在兼收并蓄中历久弥新。因此，人类命运共同体理念在某种意义上是对文明冲突论的一种批判和超越，它提倡以文明交流超越文明隔阂，文明互鉴超越文明冲突，文明共存超越文明优越，共同构建和维护全人类共同价值，展现出的是中华文明的开放包容根性，展现出的是和平发展的世界观，这是中华文明在新时代为文明交融提供的独特的中国方案和智慧，蕴含着开放包容的中华文明根性。

总之，面对有人以"国强必霸"的帝国逻辑来揣测和质疑中国的和平崛起，以新殖民主义抹黑中国对外援助，以文明冲突视角看待中华文明的海外传播时，我们要讲清楚人类命运共同体背后的和平发展道路、马克思主义中国化、开放包容的文明根性等逻辑依据。

载于《中国社会科学报》2021年12月1日，第8版